THOMAS KRISPER

Λ CHILD OF DESEASE

COGITO ERGO SUM

Impressionen & Gedanken

Erste Auflage 2012

The Kush Family
Steinbruchweg 24
3072 Ostermundigen

www.thekushfamily.ch

Herstellung und Verlag:
BoD – Books on Demand, Norderstedt
ISBN 978-3-8482-0919-4

Gewidmet meiner Familie und einer besonderen Seele

„Alles was wir Heute sind, ist das Resultat dessen, was wir einst Gedacht haben."

Buddha

Der Kirschbaum oder das Leben als Konzertbühne
Von Tom Krisper Mittwoch, 14. März 2001

Jamie war 23 Jahre jung, studierte Jura an der Uni von Zürich und war eine beliebte junge Frau, zumindest, sie war es einmal.
Es war Samstag Abend, Jamie sass auf ihrem Kirschbaum der vor dem Haus im Garten stand. Sie und ihre Familie wohnten oberhalb des Zürichsees, ziemlich abgelegen, aber man hatte Blick auf den See.
Jamie sass jeden Abend bei schönem Wetter auf dem Kirschbaum, es war ihr Kirschbaum. Grossvater hatte ihn ihr geschenkt wie sie sechs Jahre alt geworden war. Jeden Abend seit 3 Monaten sass sie da oben. Ihr Verlobter war bei einem Autounfall ums Leben gekommen. Es regnete, die Strassen waren Nass und der Fahrer vor ihm kam ins schleudern und riss den zweiten und dritten Fahrer mit. Darunter befand auch er sich. Der Fahrer der ins schleudern kam, überlebte.
Er und Jamie hatten so grosse Pläne für die Zukunft, eine Wohnung und später eine Familie.
Jamie war ein aufgestelltes Mädchen, mit 10 Jahren wollte sie schon Anwältin werden, so wie ihr Grossvater und ihr Vater. Sie redete gerne, unterhielt sich mit Menschen, ob sie sie nun kannte oder nicht. Später ging sie gerne aus und tanzte viel. Bereiste viele Länder und sprach fliessend Englisch, Französisch, Italienisch, Latein und Griechisch. Und immer auf dem neusten Stand der Mode sein, das gehörte sich in einer besseren Familie.
Doch seit dem Tod ihres Freundes blieb sie nur noch zuhause, einen Monat lang ging sie nicht zur Schule, ass fast nichts und sprach mit niemandem. Sie schrieb nächtelang in ihr Tagebuch. Sie wollte mit niemandem mehr reden und lernte auch nichts mehr. Wenn sie gerade nicht auf dem Kirschbaum sass, war sie an einem Ort wo nur sie kannte, nicht einmal ihr Freund kannte diesen Ort. Ein paar Kilometer hinter den Hügeln im Wald. Eine kleine Lichtung mitten im Wald mit einem tiefen Abgrund, eine kleine Schlucht, ein Spalt in der Erde von 50 Metern Länge und 5 Metern breite und einer tiefe so tief, das man nur das dumpfe plätschern von Wasser im schwarz hören konnte. Für Jamie war das ein Mystischer Ort, er hatte etwas Geheimnisvolles. Sie fand ihn eines Tages beim spielen wie sie 11 war, sie erzählte niemanden etwas davon, es war ihr geheimer Ort. Sie ging oft hin wenn sie mal Ruhe brauchte, und dieser Ort tat ihr dann gut.
Seit ihr Freund nicht mehr da war, ging sie jeden Tag dorthin und dann auf denn Kirschbaum.
An einem warmen Herbstnachmittag sass Jamie an diesem Abgrund und heulte, es war ihr alles zuviel, sie konnte es einfach nicht verkraften. Sie nahm ein Stöckchen und warf es in den Abgrund.
„Das Stöckchen, es dreht sich im Wind," sagte sie leise, „es fliegt und fällt und fällt..."
Am Abend sass Jamie wieder auf ihrem Kirschbaum, sah dem Sonnenuntergang zu und dachte an das Stöckchen das sich im Wind drehte.
Wie sie von ihrem Kirschbaum herunterstieg, sagte sie Gute Nacht und verschwand im Zimmer.

Am nächsten Morgen stand Jamie am Abgrund ihres Geheimen Ortes. Sie blickte in einen tiefen leeren Abgrund.
„Wenn du in einen tiefen, leeren, gähnenden und schwarzen Abgrund blickst, so blickt der Abgrund in dich..."
Sie stand einfach da, der Wind wehte ihr durchs Haar und eine Träne kullerte ihr über die Wange. Sie faltete ihre Hände...
„Vater, war ich wirklich gut genug? Vater – vergib mir..."
Ihre Arme wie Flügel ausgebreitet liess sie sich vom Wind in die Tiefe tragen.
Ein Stöckchen das sich im Wind dreht, unten aufschlägt und zerbricht.

In ihrem Abschiedsbrief schrieb sie:

Das Leben ist wie eine Konzertbühne, man betritt sie, erntet Applaus oder nicht und verlässt sie wieder. Oder man wird von ihr runter gestossen. Das Leben gleicht auch einem Fluss, man kann schwimmen, lässt sich treiben oder geht unter. Doch auf meiner Konzertbühne war ich dem Publikum nicht gewachsen. Ich konnte die Erwartungen nicht mehr erbringen. Es tut mir leid.
Dank für den Applaus, die Lichter sind aus, geht wieder nach Hause...

Der Kirschbaum blühte im nächsten Frühling nicht mehr...

Last Man Standing

Wenn Du eines Morgens erwachst und nicht mehr weisst was Du geträumt hast, versuche nicht darüber nachzudenken, es könnte schmerzhaft sein. Wir versuchen uns oft daran zu erinnern, manchmal gelingt es uns auch – was nicht immer positiv ist. Mein Bruder ist vor 14 Jahren an Krebs verstorben, ich war damals 12 und er 9 Jahre. Ich hatte diesen Verlust nie richtig verarbeitet. Anstatt mit jemanden darüber zu sprechen habe ich es in mich hinein verschlungen. Ich verlor mich in einer Scheinwelt. Heute ist es auf einer Art witzig darüber nachzudenken, aber auf der anderen Seite muss ich auch feststellen was schief gelaufen ist in meiner Kindheit.
Ich träume noch oft von meinem Bruder, ich sehe in als 23jährigen, gut angezogenen jungen Mann, schlanke Statur, gekrauste Haare und ein schmales Gesicht.
Mir fällt gerade ein spontaner Spruch ein, der eigentlich noch nicht in das Thema passt, aber bevor ich ihn vergesse, schreibe ich ihn besser auf:

...Das Leben an sich hat keinen Sinn, es hat nur den Sinn den wir ihm geben...

Stimmt doch eigentlich, oder etwa nicht.
Da fällt mir noch was ein, ich hoffe das kennt auch ein jeder;
Ein Jeder ist seines Schicksals eigener Schmied...
Das heisst doch eigentlich so etwas wie, ich kann mein Leben und dessen Verlauf selber bestimmen und wie es aussehen sollte...? Hmm...
Geteilte Ansichten denke ich mal.
Jeder kann über sein Leben selber bestimmen, das ist richtig, aber ob es diesen Verlauf auch bis zum Schluss nehmen wird, das weiss niemand, und ich denke das ist gut so. Ich habe auch meine Vorstellungen von Zukunft, doch ob diese Zukunft in einem Jahr immer noch so aussieht, wer weiss, ein Stück Kindheitstraum wird die Zukunft immer haben. Wenn du einmal davon geträumt hast Lokomotivführer zu werden und schlussendlich Politiker wirst, hast du auf eine Weise dasselbe erreicht, du hast Menschen bewegt...
Wir wissen alle nicht was uns die Zukunft bringt, nur eins wollen wir immer für die Zukunft, so lächerlich es auch klingt, das Beste – ist es nicht so? Aber was ist das Beste? Was ist für dich das Beste? Was ist für jemand der nichts zu Essen hat das Beste? Was ist für Menschen wie Bin Laden das Beste? Schon hier teilen sich die Ansichten gewaltig. Es wird nie ein das Beste geben.

November 7, 2008

Der siebte Tag im Monat November – Nebel – die letzten Blätter fallen von den Bäumen – Die Flora und Fauna verändert sich – alles verändert sich. Die Landschaft wird vom Nebel wie ein Tuch eingedeckt – es erweckt einen stillen und mystischen Eindruck. Es ist wie die Ruhe vor dem Sturm. – Bald ist Weihnachten, nur noch wenige Wochen, nur wenige Tage – und danach ist dieses Jahr auch zu Ende und es beginnt ein neues – neues gedeiht – neues geschieht. Das Jahr 2009 wird einige Veränderungen wieder mit sich bringen. Das Jahr 2008 war ein interessantes und lehrreiches Jahr, es war ein Jahr mit vielen Höhenflügen, aber auch ein Jahr mit einem sehr extremen Tiefgang. Er war gut – aber es hätte ihn nicht wirklich gebraucht – und dennoch bin ich froh darüber – er ha mich wieder gestärkt, hat mir wieder etwas mehr von meinem Leben zurückgebracht.

Es ist Freitag und mein Gesicht schläft nächstens ein – ich bin so etwas von müde... Meine Ferien nächste Woche müssten nicht sein, gut sind sie da, kann ich wieder mal etwas ausschlafen, aber 2 wochen sind mir zu lang... Eine Woche würde ausreichen, so sei es denn... habe halt 2 wochen, vielleicht gehe ich dennoch arbeiten. Mal schauen. Mir ist nicht nach Ferien. :-S

November Regen

November Abend – Kalt, triste und öde. Die Menschen in der Grossstadt schreiten schnellen Schrittes durch die Strassen. Der Wind bläst so stark das einige Mühe haben ihre Regenschirme zu halten, andere halten eine Zeitung über ihre Köpfe und andere, andere stehen im Regen und werden nass. Diese Anderen sind Menschen einer Gesellschaftsschicht, die wir leider nicht zu Ernst nehmen, Menschen, die alles verloren haben was ihnen mal wichtig war, Menschen, die auf die schiefe Bahn gerieten, nicht mehr zurück können oder wollen, Menschen, die sich der Realität entzogen haben und auf Wunder warten. Es sind Menschen wie du und ich, Menschen, die ihren Weg gewählt haben. Sie stehen im Regen und hoffen auf schönes Wetter, doch im November, da regnet es meistens nur… Die Farbenpracht des Sommers ist verschwunden. Alles nur noch grau und schwarz, selbst die Kleidung der Menschen, schwarz oder grau, keine bunten Farben mehr. Ein Bus fährt vorbei, darin sitzen und stehen Menschen, die gerade von ihrer Arbeit nach Hause wollen, vertieft in ihren Arbeitstag, vertieft in die Zeitung, vertieft in die Musik die aus ihren iPods erklingt, vertieft in die SMS auf ihren Handys, ja sogar im Bus sieht man „wichtige" Menschen die auf ihren Laptops rumhaken… Eine Gruppe Kinder auf dem Weg von der Schule nach Hause, es sind noch die einzigen die Freude am Regen zeigen, von Lache zu Lache hüpfen und sich gegenseitig Nass spritzen… Aber auch sie tragen keine bunten Kleider mehr…

Der Regen prasselt an die Dachfenster.

Und dann...

Dann sitzt du im Zug, schaust aus dem Fenster, siehst die Landschaft, das Wetter, die Tiere, die Menschen – du fährst im Zug durch den Tunnel und im Fenster spiegelt sich dein Ebenbild und du siehst wie die Zeit verging... Du bist älter geworden... Erinnerungen werden wach, du erinnerst dich an Zeiten die schon längst vorbei sind...

Triviale Blasphemie...

Es ist amüsant, im Zug zu sitzen und der belanglosigkeit der Menschheit zuzuschauen... Jeder einzelne versucht verkrampft zu wirken, ich weiss zwar nicht wozu und warum, aber jeder tut dies in seinem Unterbewusstsein. Aufmerksamkeit erwecken? Wichtig scheinen? Ich weiss es nicht – aber irgendwie ist es mir ja egal, denn ich belustige mich ja genau ab solchen Begebenheiten...
Ich kaufe mir nun Schuhe und einen Schal, ich hoffe ich finde genau den Schal den ich suche, mit einem schwarz-weiss oder rot-schwarz Karo Muster, dazu die alten Converse Schuhe...
Belanglos und Trivial? Das stimmt, aber es untermalt meinen Zustand und mein Wollen. Ich liebe Blasphemie – ich liebe die trivialität des Lebens, dazu die immerwährende grausalität... Ich belustige mich der Gesellschaft, ich amüsiere mich über den Zustand unserer heutigen Gesellschaft, ich lache und weine. Ein tränendes und ein weinendes Auge und dennoch voll mit blankem Hass und genügend Ironie...
7 Jahre sind nun um – 7 Jahre des Leidens und Qualen erleiden müssens... Sie sind nun endlich vorbei... Man hat mich erlöst – endlich – was wird nun die Zukunft mir bringen – was wird kommen wonach ich immer gestrebt habe? Ich freue mich unendlich auf die Zukunft – sie bringt mir das, was ich schon immer wollte, irgendwie möchte ich alles schon erlebt haben, irgendwie kann ich es kaum erwarten was mir die Zukunft bereit hält – aber anderseits, wenn ich dann alles erlebt hätte, dann kommt das wovor ich mich sträube – das loslassen – adieu sagen, lebewohl und auf wiedersehen... Der Tod scheint in unsern Augen etwas endgültiges zu sein, ein Ort von dem man nicht mehr zurückkommmt. Ein Ort wo man dann bleiben muss... Aber irgendwie auch ein Ort wo man sich mit alten Bekannten trifft und man viel zu erzählen hat, bis... bis deine Seele wieder an der Reihe ist etwas neues zu schaffen... Nur wenn deine Seele wiedergebornen wird, wird alles was du im früheren Leben erlebt hast, vergessen sein... Du beginnst nochmals von vorne und dann nochmals und nochmals... Vielleicht bringst du es fertig, dich irgendwann mal an eines deiner Leben erinnern zu können. Aber es wird nicht mehr so sein wie es war... Ausser du hinterlässt ganz gezielt anhaltspunkte das dich an dein Leben heute und hier erinnern wird... Was sich als ziemlich problematisch und kompliziert anstellen wird... Aber wenn du es nicht versuchst – wirst du auch nie wissen ob es funktioniert hätte...
Eben, triviale blasphemie...

Wenn...

Wenn du Menschen begegnen kannst ohne von deinem eigenen Weg abzukommen, dann hast du vieles begriffen und hast einen Teil des Lebens verstanden. Du brauchst nämlich deinen Weg nicht zu verlassen um anderen Begegnen zu können. Was nicht heisst, das du andere von ihrem Weg weglockst, es ist eher, das der Mensch plötzlich mit seinem Weg neben dir läuft oder du dich mit deinem auf seinen zubewegst. Nach einer Zeit kann es vorkommen, das die Wege sich wieder entfernen. Das Ziel ist stets das selbe das du hast, nur führt dein Weg nicht geradewegs drauf zu – es wäre ja zu einfach. Dies ist nun mal der Weg des Lebens. Wir können nicht ohne ihn. Aber auf deinem Weg hat es immer wieder Verzweigungen, eine Verzweigungen interpretierst du falsch und machst ein noch grösseren Umweg auf dein Ziel zu. Dies sind Abschnitte im Leben, die wir „Lernphasen" nennen. Die Umwege müssten nicht sein, aber du bist sie nun mal gegangen – wärst du ihn nicht gegangen hättest du nicht etwas mehr im Leben dazugelernt, ob nun negativ oder positiv – es spielt keine Rolle was du lernst – du lernst einfach etwas dazu.

Heute

Heute ist wieder einer der verdammten Tage bei denen ich mich ständig selber Frage, warum mich all diese Gefühle plagen...
Guten Tag Tagträumer – komm bleib liegen, du wirst heute eh nichts auf die Reihe kriegen...
So beginnt ein Lied von Thomas D. und manchmal habe ich das Gefühl das es mir nicht anders ergeht... Wozu aufstehen? Aber dennoch, jeder Tag bringt immer wieder neue „Bereicherungen", sei es Negativ oder Positiv, eine „Bereicherung" ist es auf jeden Fall...
Ein kleiner Unterton von Melancholie ist zu spüren, gebe ich zu, aber es ist berechtigt, ein kleiner Unterton von Traurigkeit...
In einer TV-Serie wurde mal etwas gesagt was mir bis heute geblieben ist und ich mich frage, ob es nicht tatsächlich der Tatsache entspricht; „... jede Nacht, bevor du einschläfst, belügst du dich immer wieder aufs neue das der nächste Tag eine Veränderung bringt..."
Ich habe aufgehört mich zu belügen, denn die Enttäuschung am nächsten Tag ist zu gross um dies auf Dauer mitzumachen... Jeder Tag ist ein besonderer, nur achten wir viel zuwenig darauf, wir haben in unserem Leben uns immer mehr ein Muster zugelegt und es fällt uns oft schwer, uns von diesen Mustern zu lösen, doch es ist machbar und Veränderungen tun immer gut, denn sie bringen dich im Leben weiter...
Und manchmal, wenn man bereit ist, sieht man auch das, was einem wirklich gut tun würde, aber leider ist dies eine Seltenheit, denn wir Menschen, die Gesellschaft, ist schon viel zu sehr „verklischeerisiert" und streben nach „Dingen" die es gar nicht gibt und sind zunehmender Enttäuscht wenn man nicht bekommt was man „erwartet"...
Es gibt eine kleine Simple Frage die mich auch wiederum fasziniert...:
„Was ist es was du am meisten begehrst...?" wenn du es weißt, dann richte Dein Herz danach aus und es führt dich ans Ziel... Doch bedenke, nicht das Ziel ist der Lohn, sondern der Weg ist das Ziel...
Aber der Weg ist nicht perfekt geteert oder gar nur gepflastert, den Weg musst du dir selbst erarbeiten und genau das macht es schon schwieriger... Das Gestrüpp muss weggemacht werden, die Steine aus dem Weg geräumt werden und es muss angenehm zu gehen sein...
Das man das Leben mit einem wilden Fluss vergleichen kann, liegt vielen Menschen ein bisschen quer im Magen, sie dementieren und referieren gegen solche Aussagen, aber warum tun sie das? Weil sie wissen das es der Wahrheit entspricht und genau diejenigen sind die, die im Fluss des Lebens nicht schwimmen können und sich am Ufer festhalten... Sie halten an der „gewohnheitsmässigen Trauer" fest...
Und es ist die immerwährende Grausalität des Lebens... So sehr wir auch nach unserer Glückseeligkeit streben, die Grausalität wird immer präsent sein und dies führt dazu das nicht ein jeder seine Glückseeligkeit erlangen wird...
Jeder ist für sein Glück selbst verantwortlich, doch gibt es einige Menschen die sich selbst leider nicht verantworten können und somit werden diese nicht ihr Glück finden, denn sie sind viel zu labil und können mit dem Strom der Gesellschaft nicht umgehen und lassen sich vom Strom des Lebens ans Ende treiben...
Wenn man das Leben sogar als eine Busfahrt vergleicht, dann sind diese jene Mitfahrer die kein Ziel haben, die sogenannten Trittbrettfahrer...
Ich bin aber jener Mensch, der diese Trittbrettfahrer auf meinem Bus des Lebens nicht duldet... Ich hatte auch eine Zeit, in der mein Bus zugedeckt und versteckt vor

der Welt irgendwo stand, ich sah jeden mit seinem Bus vorbeidüsen, es gab auch einige die mich einluden mitzufahren, ab und zu fuhr ich auch ein Stück mit, doch ich bin nicht einer der gerne von anderen profitiert und zudem wollte ich selbst fahren und mein Ziel selbst bestimmen, so kam es das ich nach einer gewissen Zeit wieder aus jenen Busen ausstieg und mein Weg ging, was nicht jedem „Busfahrer" passte, denn einige waren darauf erpicht mich auf „ihrer" ganzen Reise dabei zu haben. Ich hatte aber auch noch einen Bus der bewegt werden wollte...

Ich richtete meinen Bus wieder her und seither fahre ich mit meinem Bus genau diese Wege, wo niemand anders fährt, und wenn doch ein anderer Bus meinen Weg kreuzt, dann halten wir beide an, quatschen über unsere Philosophie und jeder geht danach seine eigenen Wege und genau das macht das Leben und die Reise erst interessant und spannend... Du kannst selbst entscheiden wen du mitnimmst und wen nicht...

Tage...

Tage vergehen – Wochen vergehen – Monate vergehen – Jahr vergehen...
Das Leben an sich vergehet – eine Erinnerung wird immer bleiben – oder eben auch
nicht...
Der Tag gestaltet sich immer gleich – kein Tag ist anders - nur unser Empfinden
oder unser Bewusstsein ist von Tag zu Tag anders – Es gibt Tag da empfinden wir
Wut, Hass, Glück, Trauer, Freude... Und dennoch streben wir jeden Tag aufs neue
nach Glückseeligkeit... Ja, diese Glückseeligkeit... Bedarf es in unserer heutigen
Gesellschaft immer mehr an zufriedenheit oder unzufriedenheit? Wann sind wir
Gücklich – wann kommen wir zur Ruhe – wann kommt der Tag an dem wir uns
zurücklehnen und sagen: So, endlich Ruhe!
Dieser Tag wird niemals kommen – dieser Tag wird immer in einer unerreichbaren
Ferne bleiben... Einige sagen nun; ach was, auch du wirst irgendwann diesen Tag
erreichen... Natürlich – in dem Moment wo ich sterbe – aber das ist nicht der Sinn –
oder?
Ich bin glücklich – das will ich in keiner Form abstreiten – doch das perfekte Glück ist
es nicht...
Geahnt hätte ich es nicht wirklich und dennoch war es mir irgendwie immer bewusst
– das ich selbst einmal der Mensch bin der sich jeden Abend beim zu Bett gehen
immer wieder aufs Neue belügt... Ist es Schicksal oder Ironie – irgendwie ein Stück
von beidem... So musste es sein – so musste es kommen! All dies habe ich mir
selbst zuzuschreiben....
Ich lebe – und das ist ein Fakt der für mich doch am wichtigsten ist....
So sei es – und so soll es bleiben...

Nachdenklich...

Der 7. Dezember 2008, in wenigen Tagen ist Weihnachten – ein Weihnachten wie alle andere Jahre zuvor – jedes Jahr ist Weihnachten – auch nächstes Jahr wieder... Doch wird nächstes Weihnachten mal anders sein? Wird die Weihnacht kommen an der ich endlich glücklich und zufrieden sein kann? Wird der Tag kommen an dem ich zuhause angekommen bin? Das Leben ist wie eine Reise, du versuchst an ein Ziel zu gelangen, doch irgendwie stellt sich der Weg zum Ziel als schwieriger heraus als das du angenommen hast. Ist es wirklich so schwierig, das zu erreichen was man sich wünscht? Warum begenest du auf deinem Weg des Lebens immer wieder Menschen, die dir nicht gut tun, oder Menschen die dir gut tun würden aber sie niemals ein Teil deines Weges werden können. Ich bin oftmals ein Teil ihres Weges, ich bin oftmals jemand, der den Weg der anderen etwas angenehmer gestaltet, aber nicht auf meinem Weg, mein Weg ist nicht ein Weg der sich für andere einfach gestaltet. Lieber meiden sie meinen Weg – nicht mit absicht, aber mein Weg ist komplex, intelligent und kreativ und immer wieder voller überraschungen. Es gibt wenige Menschen die mit meinem Weg klar kommen, man sagt immer wieder; ach tom, so schwierig kann dein Weg nicht sein... Und wenn man dann meinen Weg beschnuppert stellt man schnell fest, das dieser Weg nicht vergleichbar ist wie mit anderen Wegen. Mein Weg ist unergründlich und doch strebe ich doch nur nach wahrer Liebe und Geborgenheit... Kann doch nicht so schwer sein... Aber eben... Was man möchte bekommt man nicht und was man haben könnte will man nicht... Wenn mir jemand sagt ich solle die Augen öffnen, dann kann ich nur entgegnen; meine Augen sind weiter geöffnet als das ihr denkt und deshalb stellt sich alles so schwierig heraus...
Tja, das Leben ist ein Mysterium für sich – so wie die Liebe...

Moments...

The Truth is, we all live in a damn cruel world... Full of hapiness, full of pain and anger, full of love – but also full of bullshit...
Es gibt Momente im Leben, die prägen, andere sind überflüssig und andere Momente möchtest du immer und immer wieder erleben. Momente – es gibt sie um unser Leben zu bereichern – Momente der Stille – Momente der Liebe – Momente des Hass und Zorns... Aber auch Momente der Trauer... All diese Momente zusammen ergeben ein Leben. Wieviele Momente du in deinem Leben erlebst, kann niemand sagen, aber jeden Tag erlebst du Momente, nicht immer ist es dir bewusst das du gerade einen Moment erlebst, sei es ein Call mit einem Kunden, sei es ein „Hallo" eines Menschen, sei es auch nur ein Geruch oder eine Impression – all dies sind Momente die dein Leben beeinflussen – ohne Momente könnten wir gar nicht leben... Wissen wir das eigentlich oder ist es uns egal. Also mir ist es in keiner Weise egal – ich lebe für diese Momente – sie bereichern mein Leben ungemein... Ich brauche Momente um Leben zu können – es ist wie der Sauerstoff den wir atmen... Unglaublich aber wahr...
Ich weiss, gelabber gelabber... mir ist aber heute einfach nach gelabber... Weiss nicht warum... aber easy... bin zufrieden – mir geht's gut... das ist doch die hautpsache am ganzen... ☺

Mit dem Alter und der Liebe...

Eine schöne und romantische Begegnung hatte ich heute Mittag im Zug von Olten nach Bern... Neben mir im Abteil sassen 2 ältere Leute – eine Frau und ein Mann, ich wage mich mal das Alter zu schätzen; er ca. 80ig und sie mitte 70ig... So wie ich es der Konversation der beiden entnehmen konnte, haben sie sich noch vor nicht langer Zeit kennengelernt und verbringen nun ein Paar Tage miteinander irgendwo in den Bergen... Sie hat ständig seinen Hände gehalten, gestreichelt und ihm immer wieder schöne Sachen gesagt. Da sagte sie plötzlich zu ihm; er habe einen Knopf an seinem Hemd offen, man sehe die nackte Haut.... Er schaut hinab und macht den Knopf zu... Dann sagte sie; denn rest schaue ich mir heute Abend dann an... Er war etwas begriffstuzig – aber merkte dann schnell auf was sie hinaus wollte... Mir blieb kurz die Konzentration weg – musste leer schlucken, nicht das es für mich ein Tabu war – aber in dem Alter... Nun ja, wenn wir dann noch so sind in dem Alter... Aber so etwas von „knuddelig" die beiden Menschen... Hach – in solchen Momenten beweist es mir das es die wahre Liebe noch gibt....

In Momenten der wahren Euphorie...

In diesen Momenten klingt das gerne wie die Wahrheit – aber gehalten wird das leider nie...
Eine Aussage aus einem Lied...
Wir Menschen erleben die Euphorie jeden Tag – sind glücklich darüber und es werden unbewusst Endorphine freigeschüttet... Dann, kommt die Ernüchterung, der Moment wo die Euphorie verblasst oder gar zerplatzt und man den harten kalten Boden plötzlich wieder spürt...
Aber warum und wozu... Liegt es in der Natur des Menschen oder liegt es einfach daran, das die Euphorie uns überkommt – nun denn... Es ist wie es ist und es wird immer so bleiben – wir können nichts daran ändern – Das Leben ist ein ewiger fliessender Fluss der fliessen muss...

„Oh du fröhliche – oh du seelige...“

Mag stimmen, stimmt aber auch nicht... Nicht ein jeder kann sich über die Festzeit feierlich stimmen, nicht jeder findet das Fest der Feste gegen Jahresende ein schönes Fest... Nicht jeder schaut während dieser Tage über die Schmerzen hinweg. Die Weihnachtszeit – eine Zeit in der man der Liebe, der Fröhlichkeit und der Heiterkeit begegnet – aber für viele ist es eine Zeit des Leidens... Sowie für mich... Ich mag diese Zeit nicht so sehr – nicht mehr – aber eines tages werde auch ich diese Zeit wieder schätzen, aber bis dahin fruste ich in meiner Lethargie und meiner Ironie daher... Mir egal was andere denken und sagen – ich bin ein Mensch und keine Maschine, ich kann fühlen und denken was ich will und wie mir belieben. Das kann mir keiner nehmen. Ich weiss das es meine Freunde gut meinen mit mir... Ich sehe, bei dem Wort „Freunde“ seit ihr wieder mal hängen geblieben... Ich und Freunde denkt ihr jetzt... Ja, stellt euch vor, ich habe Freunde – das noch nicht besonders lange, aber ich erlaube es mir, diese Menschen Freunde zu nennen – warum? Freunde sind Menschen die sich via Email oder SMS einfach von sich aus melden, Menschen die versuchen einem ein Lächeln aufs Gesicht zu zaubern... Und davon habe ich mittlerweile 3 Stück... Verhältnismässig viel, nicht? Na und, es tut gut zu wissen das man nicht alleine ist, es tut gut zu sehen, das Menschen einen so akzeptieren wie man selbst ist... Soviel zum Thema „Freunde“ – hoffe ihr seit nun zufrieden...
Dennoch bin ich skeptiker geblieben – ich weiss das diese Freunde eines Tages auch der Vergangenheit angehören werden, aber ich versuche diese Zeit mit ihnen zu geniessen... Es sind Menschen die mir zuhören und ich ihnen zuhöre... Man für einander da ist... Das ist die Bedeutung des Wortes Freund... Was aber erstaunlich ist, ich treffe immer auf Menschen, die von einem Schicksalsschlag geprägt wurden, irgendwo – irgendwann – sei es der Verlust eines geliebten Menschen, sei es eine Krankheit oder sei es die Begegnung mit dem Schicksal – alle haben etwas in ihrem Herzen was sie mit sich rumtragen und eher selten bis gar nie nach aussen bringen. Ich bin aber jemand, der sieht, das sie etwas mit sich rumtragen... Auch wenn der Mensch ein intaktes Leben führte, auch wenn er noch nie loslassen musste, etwas begleitet einen immer. Ich habe jemanden getroffen, habe diesen Mensch charakterisiert und stellte fest, dieser Mensch ist noch „perfekt“ – die betonung auf „noch“... Ich stellte unwillkürlich in dem Moment fest, das diesem Menschen noch etwas zustossen wird, sprich, dieser Mensch hat noch eine „saubere“ Seele, keine Wunden, keine Narben... Diesem Menschen wird in den nächsten 2 Jahren noch etwas zustossen, etwas das ihn für den Rest des Lebens prägen wird. Und ich, ich weiss es schon, ich weiss nicht was es ist, aber ich habe es gesehen... Dieser Mensch hat es nicht verdient, doch warum wurde ich zu diesem Menschen geschickt? Um ihn davon abzuhalten? Wohl kaum. Um diesem Menschen beizustehen wenn es soweit ist? Oder habe ich bereits etwas abgewendet? Ich kann es   nicht   sagen.
Ich begegnete noch einem weiteren Menschen, dieser Mensch ist, ohne das ich es jetzt böse meine; Naiv... Er war es zumindest, hat auch aus Fehlern gelernt... Ist ein einer ähnlichen Situation wie ich, aber dieser Mensch ist kein Engel so wie ich einer bin. Dieser Mensch braucht Hilfe und Zuneigung... Aber gibt dieser Mensch auch soviel   wie   erwartet   wird?   Ich   weiss   es   nicht.
Dann traf ich noch auf einen Menschen, ein Mensch, der zwar schon einiges erlebt hatte, jedoch noch nicht die Scheuklappen abgenommen hat um zu erblicken was wirklich um ihn geschieht... Schwierig jemandem zu sagen: hey, mach die Augen auf... Dieser Mensch wirkt auf eine Art Kindisch und doch erwachsen, dieser Mensch

hat viel Liebe, zuviel und setzt sie falsch ein... Schade... Ein weiterer Mensch den ich kennenlernte, liebt die Musik, tanzt in einer Welt um von der Realität zu entfliehen. Tanzt und singt und versucht die Träume zu erhaschen die diesem Menschen liegen... Aber auch da spielt das Schicksal eine Rolle, denn die Gute Laune und die Offenheit kommt nicht von irgendwo... Es ist immer ein Ursache-Wirkung prinzip dahinter... Viele versuchen es zu überspielen, andere tun so als nie etwas gewesen wäre... Doch es war immer etwas... Irgendwann – Irgendwo – Irgendwie... Ich sehe es in den Augen der Menschen, ich sehe das Leid das sie plagt... Ich sehe in den Augen der Menschheit was sie bedrückt, was sie fühlen und wie sie denken... Es mag eigenartig klingen, ich weiss, doch ein Mensch ist schnell charakterisiert, am verhalten, am Blick, beim Reden, man beobachte Menschen wenn sie sich unbeobachtet fühlen, man schaue den Menschen in die Augen beim Reden. Jedes zucken in den Augen, jeder Blick sagt schon so viel aus. Ich habe diese Gabe den Menschen in die Augen zu schauen und zu sehen wer und was sie sind... Vielen gefällt es nicht, denn dann fühlen sie sich Nackt mir gegenüber. Diese Menschen haben entweder etwas zu verheimlichen oder sie fühlen sich „offenbart"... Daher halte ich mich manchmal zurück, denn wenn ich es ihnen schon von anbeginn der Begegnung sagen würde, wäre es ein Stress mit dem sie nicht klar kommen würden und das ganze ist hinüber... Warum sich verstellen, warum Lügen müssen, warum etwas sein zu wollen gegenüber einem Engel was man nicht ist... Die Engel meinen es doch nur gut mit einem... Aber nein, der Schmerz ist unerträglich geworden... Ich kann gewissen Menschen nicht mehr helfen... Meine Arbeit neigt sich dem Ende zu...

After All...

After all these cruel years... I start to ask myself: Why? Why all this stuff happend to me? Why is the world we live in so strange and so full of surprises? Well, I like surprises, but I prefer the positive ones – some negative surprises aren't bad, but they don't have to be... Why I'm earning every year the same kind of pain? Isn't it enoying after a while – every year the same shit... I don't understand what life wants to tell me... Could be that I have to be honest for one time... I know that I lie sometimes, but I do not lie for hurting someone – I do lie, cause I don't like to talk about... Why I have to talk about my past relationships – It's not usefull... Sure, sometimes it helps in difficult situations, but other ways – it don't have to be... My past is my past – its not important for the future... I like to think about the future, cause thats the place I'll spend the rest of my life... It's a fact and it's the truth... Not everybody like the truth – why – because it's the truth... Why people have a problem with the truth? Cause they're living in a dream... They don't live their dreams, they live in one... So stoopid, but thats the truth... Such a shame...

Nach all dem was ich bis heute erlebt habe – fasse ich kurz ein Resume zusammen: Krank! Einfach nur Krank! So was wünsche ich niemandem und dennoch wünsche ich es jedem einzelnen billigen Idioten auf dieser Welt, Namen will ich keine nennen, solange ich weiss von wem ich spreche reicht das schon aus... Es gibt viele Menschen um mich herum, die Leben ihr Leben in einer einzigen Lüge. Sie fliehen vor sich selbst und verstricken sich in Lügen um bei den anderen nicht als Schlecht dazustehen... Wobei, wenn mal die Wahrheit an den Tag kommt, es schlimmer sein wird als vorher den Mund aufzumachen. Die Menschen tuns aber nicht – und daher selbst schuld wenn man dann als „schwarzes Schaf" da steht. Mitleid? Meinerseits? Ha! Wohl kaum... Ich habe in meinen jungen Jahren damals mir selbst zuviel vorgemacht und die Rechnung wurde mir dann Jahre später präsentiert, aber nur der, der gelassen und mit einem Lächeln die Rechnung entgegen nimmt und mit einer hochprozentigen Ironie die Quittung zur Begleichung der Rechnung verlangt, der hat nichts zu verlieren und ist dem Leben gewachsen... Frage mich wie viele Quittungen ich schon zuhause habe... ☺ Das ist was ich mit Ironie meine... Lacht doch mal über euch selbst und gesteht doch endlich ein, das ihr das Leben hier gar nicht verdient habt... Nehmt euch das Leben, beendet es oder lebt doch endlich euer bescheuertes Leben... Nein, ihr spielt lieber Zirkus und Theater... Ächz... Ich Theater? Natürlich – das Leben ist eine Bühne, noch nicht gecheckt...? Wie viel Scheisse habt ihr bereits in eurem Hirn? Könnte man beinahe ganz Amerika mit bedecken? Holy Shit! Ach ihr armen verbitterten Menschen... Ihr tut mir jaaaa sooooo leid... Wers glaubt... Selbst schuld, ihr macht euch zu dem was ihr seit, ein Volk voller Idioten und Lügner... Jeden Morgen schaut ihr euch im Spiegel an und belügt euch selbst... Ihr tuts – ohne frage... Es stimmt nicht? Ha, genau DU bist der grösste Lügner von allen... Ach, macht es euch doch nicht noch schwerer, befreit doch endlich die Welt von eurer dämlichen Idiotie... Schmeisst euch vor einen Zug, springt von einer Brücke – aber bitte bitte lasst mich endlich in Ruhe, ich versuche doch nur verzweifelt wieder fliegen zu lernen – ich weiss, ihr könnt das nicht verstehen – ihr seit ja auch Menschen... Was ich bin? Tja, wenn ich das wüsste, hätte ich es euch schon längst verraten, aber bin immer noch auf der Suche... Ich habe Zeit... Alle Zeit der Welt... ☺ Ihr glaubt mir auch das nicht? Wer zuletzt lacht, lacht bekanntlich am besten... Noch immer so gewesen...

Das Leben der Anderer...

Jeder Mensch ist Individuell... Geprägt durch das erlebte, durch Schicksalsschläge und durch die Erziehung der Eltern... Es ist ziemlich einfach heute in unserer Gesellschaft abwägen zu können, wer was und warum ist wie er ist...
Menschen die aus reichem und gutem Hause stammen, sind ganz anders im Verhalten und im Umgang mit Mitmenschen – Jene die nicht gerade das Beste Elternhaus genossen haben und die Erziehung „misslungen" war, legen nochmals ein anderes Verhalten an den Tag... Mir persönlich sympathischer – Warum? Ich stamme auch nicht gerade aus den besten Familienverhältnissen: Kurz zusammengefasst:
Ich bin Jung, gebildet, neurotisch und alleine in meiner Welt – ich stamme aus einer zerrütteten Bergfamilie, bin erblich belastet und natürlich auf eine Weise Millieugeschädigt – Natürlich plagen mich Depressionen, was aus dem vorhergesagten beinahe als Selbstverständlich hervorgeht...
Genau so habe ich mich noch vor einem Jahr beschrieben... Trifft heute nicht mehr ganz zu...
Ich bin Jung, gebildet, neurotisch extrovertiert und stamme aus einer zerrütteten Bergfamilie, ich bin erblich belastet und auch auf eine Weise millieugeschädigt... Depressionen plagen mich keine mehr, kann heute mit Stolz sagen; habe diese Krankheit, wie sie von einigen als diese angeschaut wird, besiegt... Natürlich plagen mich immer wieder abstrakte und absurde Gedanken – aber diese in den Griff zu bekommen bedarf es noch einiger Arbeit und ich muss mich ganz und gar fallen lassen können – und vor allem muss ich meinem Vertrauen freien lauf lassen, was leider nicht immer sehr einfach ist... Aber mit diesem Engel an der Seite, wird dies bis in einem Jahr auch der Vergangenheit angehören...
Das Leben der Anderer – es gibt welche die ich beneide, doch es ist nicht der Neid an sich – das erreichte vielleicht? Aber irgendwie... was solls... Ich weiss das ich an mein Ziel gelangen werde – es war nie die Musik – das sehe ich heute ein... Ich hatte immer spass an der Musik, mir gefiel es Musik zu machen – eine kleine Abwechslung zum Alltag – jedoch der wahre und innere Ehrgeiz gegenüber der Musik hat immer gefehlt... Ich kann mich erinnern, vor 3 Jahren, sagte mir man, entweder die Streetparade oder ich... Ich entschied mich für die Streetparade... Dieses Jahr wählte ich das Datum für meine Verlobung aus: der 9. August... Auf dieses Datum fiel natürlich wieder die Streetparade – aber dieses Jahr merkte ich, diese Frau ist es der Wert auf die Streetparade zu verzichten... Ich bereue es in keiner Weise und werde es auch nicht... Ich habe in diesem Menschen endlich meine Ruhe gefunden... Habe meine Prioritäten gesetzt und habe mich für das richtige entschieden... Streetparade ist jedes Jahr – die Liebe kann leider vergehen – und mir ist diese Liebe nun mal wichtiger – ich habe keinen tropfen Wehmut gegenüber diesem Event... Im Gegenteil, ich lebe endlich meine Liebe – in keiner Beziehung habe ich auf die Streetparade verzichtet – doch ein einziges Mal – aber mir tat es weh – dieses Jahr freue ich mich mehr auf die Verlobung als auf etwas anderes... Und genau darauf habe ich stets gewartet – an dem Tag, wo ich meiner Liebe des Lebens begegne, verzichte ich freiwillig auf das was mir bisher „Wichtig" schien... Es gibt nur eine Frau in meinem Leben – und diese ist nun da..
Und diese gebe ich nicht wieder her...
4. Juni 2008

Der Nebel hängt tief...

November – wie bereits schon mal erwähnt liebe ich diesen Monat. Es gab eine Zeit, in der ich diesen Monat jedoch hasste – er deprimierte mich und zog mich jeweils in ein dunkles Loch meiner Selbst. Heute, ist es ein Monat, der mich zwar immer wieder melancholisch stimmt, aber das brauche ich um meinen Gedanken einen Sinn zu geben. Denn das was ich in diesem Monat jeweils zu Papier bringe und was er mir gefühlsmässig gibt, das kann nur der November – Seit Jahren schon... Auch das Lied November Rain von Guns'n'Roses trägt dazu bei. Es sind nun genau 16 Jahre her wo ich das erste mal dieses Lied hörte und zu welchem ich getanzt habe und meine erste Freundin hatte. 16 Jahre, die hälfte meines bereits gelebten Lebens. Wann geschieht eine solch Geschichte wieder? Nie mehr oder einfach auf eine andere Art und Weise? Ich kann es nicht sagen. Was mich in den nächsten Tagen, Wochen und Monate erwarten wird kann ich nicht sagen. Dieser Samstag wird ganz bestimmt einmal lustig. Ich weiss nicht was mit mir passiert ist in den letzten Wochen, aber ich habe mich auf eine art wieder zurückverändert und dennoch einen grossen Schritt nach vorne gemacht...
Ich schaue aus dem Fenster des Zuges, es ist kurz vor 10 uhr morgens und die Landschaft ist in Nebel getaucht, ein mystischer Eindruck bleibt – einige Krähen die über Ackerfeldern kreisen – die Bäume die ihre letzten Blätter verlieren – eine Farbenpracht die dennoch melancholie ausstrahlt. Eine Jahreszeit die ich mittlerweile „gerne" bekommen habe. Eine Jahreszeit die sich jedes Jahr wiederholt...

Der Sinn des Lebens oder der Sinn des Seins...

Manchmal frage ich mich, wozu und weshalb... Manchmal studiere ich viel zu weit und interpretiere Dinge so wie sie scheinen und nicht wie sie wirklich sind. Aber wie sind sie wirklich die Dinge? Will ich es wirklich wissen wie sie sind? Oder scheinen sie gar nicht – sondern entsprechen der Tatsache das es so ist? Es ist schwierig, aber warum ist es schwierig? Weil die Lüge immer in den Augen leuchtet... Wie oft versuchte ich den Menschen um mich herum klar zu machen, das ich WEISS wann gelogen wird, man muss nur genau in dem Moment den Menschen studieren und ihm bei seinen Handlungen und Aussagen zuschauen und zuhören. Leider wird viel zu oft gelogen. Aber warum? Warum haben es diese Menschen nötig, mich, ja mich anzulügen? Womit habe ich es verdient? Und das leide daran, niemand kann es mir sagen... Natürlich gibt es Antworten wie; ich wollte dich nicht verletzen... oder was auch immer... Aber das man mit einer Lüge mehr Schaden anrichtet als mit der Wahrheit, das verstehen die wenigsten... Dann gibt es noch die Menschen, die hasse ich am meisten, die ihrer Lüge selbst mehr glauben schenken als der den man anlügt... Da hört mein Verstand einfach auf. Menschen die etwas bewusst falsch erzählen, aber es selbst sogar glauben was sie erzählen obschon sie WISSEN das es nicht der Wahrheit entspricht... Ich finde diese Art von Lüge die aller Krasseste... Wie bringt dies ein Mensch zustande? Nein, ich will es gar nicht wissen, denn das zu wissen, nein danke...

Ich gebe zu, ich belüge mich seit neustem auch jeden Abend aufs neue... Ja, aber ich belüge lediglich mich und tue niemandem weh, okay, fast niemandem... Ich schade in aller erster Linie mir selbst, das ist mir bewusst, aber ich kenne es schon und kann damit umgehen. Ja vielleicht kann ich nicht ganz damit umgehen, aber ich komme damit klar. Das es nicht zu sein bräuchte ist mir bei weitem klar, aber ich kann leider nicht viel dagegen tun. Ja, klar, doch könnte ich... Warum das ich es nicht tue? Jeder hat eine 2. Chance verdient... Ich schaue aber dabei nicht auf mich und frage mich aber im selben Moment warum ich das tue... Ich tat es doch schon einmal, warum tust dus denn wieder? Komischerweise bin ich nun nach 10 Jahren wieder an einem ähnlichen Punkt angelangt und nur ich kann etwas dagegen tun, indem ich einfach mal „Halt" rufe und mein Leben neu überdenke. Wenn ich es jetzt weiterziehe, komme ich eines Tages an einen Punkt wo ich wieder nicht weiter weiss und die Schmerzen erneut anfangen... Bis vor einer Woche, erlebte ich 2 Wochen voll von Harmonie und Einklang mit mir selbst. Ich interessierte mich nicht mehr für Geschehnisse die meinen Gefühlen und Gedanken schmerzen bereiteten. Aber heute war wieder einer dieser verdammten Tage, an denen ich wieder angefangen habe zu denken. Ich erblickte etwas was mir nicht aufging und wurde prompt wieder angelogen. Und ich wurde wieder etwas mürbig. Man hat mich verarscht, man hat mich angelogen, man hat mich hintergangen. Es ist eine leidige Tatsache und ich Idiot mache das Spiel noch mit... Irgendwie mag ich gar nicht mehr... Eigentlich wollte ich noch eine 2. Chance gewähren, aber man kann keine Geschichte auf einer Lüge aufbauen, das wird nicht halten – eigentlich hält es gar nicht mehr – es ist nur noch ein verzweifelter Schrei nach Freiheit... Ich frage mich ob es noch „Liebe" ist oder einfach nur „Mitleid"? Ich frage mich was ich für ein schlechter Mensch sein muss, das man mir das antut? Ich sitze hier gemütlich mit meinem Hund im Bett von Angy und „warte" das sie vom Ausgang nach Hause kommt. Und so wie ich sie kenne, wird das ganz bestimmt 4 oder 5 Uhr morgens. Meine Frage, wozu hat man mich gefragt ob ich vorbeikomme und bleiben soll? Sie ist ja eh nicht da. Hätte ich doch gerade so gut zuhause vor dem TV sitzen können und wäre bei meinen Tieren. Aber man wollte das ich komme, klar, ich hätte „Nein" sagen können, aber ich dachte, doch warum nicht... Wiederum so wie ich hier sitze und schreibe, frage ich mich warum ich das gemacht habe? Ich habe ja eh nichts von ihr... Ich verstehe es nicht ganz... Wie man merkt, bin ich mal ganz offen und ehrlich, wenn es schmerzt, dann bin ich froh, weil dann der Leser weiss, wie es sich anfühlt bei mir... Warum muss man immer einen „inneren Kampf mit sich selber" auf meinem Rücken austragen...? Das ganze hier erinnert mich langsam immer mehr an das was vor 10 Jahren war und das gefällt mir ganz und gar nicht...

Ich gab eine 2. Chance weil jeder es verdient hat, solang er seine Fehler wirklich eingesteht und ab dem Moment „ehrlich" ist... aber wenn schon eine kleine Lüge im Nachhinein enthüllt wird, dann beginnt bei mir das kotzen... Und wenn man dann, nachdem man die 2. Chance gegeben hat, es immer noch nötig empfindet den Partner anzulügen, dann kotze ich wirklich... Ich habe vor den Ferien von Angy einen Brief geschrieben, dieser Brief entsprach der blanken Wahrheit meiner Gedanken, dieser Brief befreite mich von all den Gefühlen die ich hatte, befreite mich vom Schmerz, der Wut, dem Hass und der Trauer... Ich spannte meine Flügel aus und begann wieder zu fliegen. In diesem Flug, lernte ich jemanden kennen, dieser jemand, erinnerte mich daran, wer ich war, wer ich bin und was ich sein werde... 40 Minuten dieses Menschen reichten aus um mich wieder zu fangen und stellte fest, was mein Weg war... Noch am Samstag, den 8. November, wusste ich meinen Weg zu gehen... Doch dann kamen Worte, mit denen ich nicht mehr gerechnet habe, Worte die mir leid taten und Worte, die mich wieder von meinem Weg abbrachten. Worte die nicht hätten fallen sollen... Nun denn, sie wurden geschrieben und am Montag wurden sie gesagt, aber das was ich eigentlich (im nachhinein) hätte hören wollen, diese Worte wurden unter den Tisch fallen gelassen. Warum? Warum eine 2. Chance wo sich doch eigentlich nicht viel geändert hat? Das ich mich geändert habe, steht ausser Frage... Warum es mir heute weniger ausmacht als vor den Ferien? Ganz einfach, es braucht manchmal nur einen einzigen Moment im Leben – dies waren 40minuten meines Lebens, und diese 40 minuten haben mir etwas von meinem Selbstwertgefühl zurückgegeben und mir „ausrichten" lassen, das alles was geschieht „Trivial" ist... Zu Deutsch: Egal oder Banal... Denn nichts bleibt für die Ewigkeit, du lebst heute und hier und jetzt, was morgen ist, wissen wir erst wenn der Morgen da ist. Ich predige meinem Freundeskreis was man in Sachen „Beziehungsproblemem" tun muss, ich selbst, kann meine Philosophie nicht anwenden, ich kann es nicht... Liegt es daran, das ich Angst davor habe einem Menschen mit der Wahrheit „weh" zu tun? Muss ich dann selbst auch noch Lügen? Ja im Moment lüge ich mich selbst an und lüge auch einen Menschen um mich herum an... Ich weiss das man Feuer nicht mit Feuer bekämpfen kann, aber was soll man tun, wenn man nicht weiss was das richtige ist? Die Frage stellt sich einfach bei mir im Kopf; was ist wenn ich wirklich Falsch liege mit meinen „Behauptungen"? Was ist wenn ich Unrecht tue mit dem was ich denke und annehme? – Aber es stellt sich sogleich die Gegenfrage; was ist wenn ich doch recht habe? Ich bin etwas hin und her gerissen... Auf der einen Seite weil ich doch noch immer Gefühle hege und es mir nicht egal ist was wir versuchten aufzubauen... Dennoch ich keine Kraft mehr habe mit all dem umzugehen...

Was heisst mit all dem; Ausgang, SMS, PG, Freundeskreis, Interessen, Denkensweise und der Ansicht der Liebe... Dies sind eigentlich genügend Punkte um mir klar zu machen das es eigentlich gar keinen Sinn hat... Soll ich mich nun einfach die nächsten 5 Jahre fügen bis all das hinter sich hat? 3 – 5 Jahre darauf warten eine Familie zu werden? Zu heiraten? Zeigen wir doch mal auf was ich an Angy finde:

Wenn sie mal anhänglich ist, dann die Art wie sie es rüberbringt, sie sucht die Nähe und kuschelt sich dann gerne ein.

Die Reife die sie eigentlich hätte.

Ihre Schönheit, ihr Glanz, ihre Augen, ihre doch noch so junge Art und Weise.

Wenn sie mal ihren Gefühlen freien Lauf lässt, dann ihre Art wie sie es rüberbringt...

Ich bemerke beim schreiben, das vor all dem immer noch ein Wenn und Aber kommt...

Das was mir an ihr nicht gefällt;

Das ständige Ausgehen mit ihren Freunden.

Ihr Freundeskreis.

Das ständige SMS schreiben. Die Art und Inhalt der SMS. Das geflirte mit anderen Männern oder besser gesagt den „Buben" – hätten sie Hirn würden sie einer Frau welche eigentlich Verlobt wäre (aber wie man hier so schön merkt ist es in der heutigen Gesellschaft einen Fuck wert) gar nicht solche smsen schreiben.

(Ich tus nicht so wies die buben hier tun – da besteht zum glück noch immer einen unterschied)

Partyguide – so einen Hirnverschriss diese Seite!

Ich hatte auch mal ein Profil, durch das habe ich Angy ja kennengelernt – aber ich war schon immer gegen diese schwachsinnige seite.

Die Interessen spalten sich extrem:

Ich interessiere mich für Kunst, Philosophie, Musik, Bücher, Geschichten, Filme, Filme schreiben, Zeichnen, Dichten, höhere Literatur...

Wobei wir nur die Musik ganz ganz wenig teilen können, denn der Stil der Musik geht bei uns auch sehr weit auseinander – es gibt immer wieder einzelne Stücke die uns beiden gefallen, aber im gross und ganzen teilen sich auch hier die Wege... Worüber wir uns unterhalten? Das frage ich mich manchmal auch... Ich höre ihr aufmerksam zu und rede mit ihr über die Sachen die sie interessiert – ab und zu versuche ich auch meine Sachen einzubringen, aber ich merke schnell am Kommentar ob es einen Sinn hat weiter zu reden oder nicht... Leider ist es meistens der Fall das es keinen Sinn hat... Mir fehlen gewisse Dinge...

Das was mir in der Beziehung fehlt ist genau das was ich mir eigentlich in einer Beziehung wünsche;

Zusammengehörigkeit, Zweisamkeit, Geborgenheit, Romantik, Liebe, Lust, Leidenschaft, Familiensinn, Ruhe, Philosophie, Dankbarkeit, Aufmerksamkeit, an einem Abend bei Kerzenschein auf dem Sofa sitzen, ein Glas Wein dazu trinken, einen Film gemeinsam anschauen und anschliessend darüber quatschen, zusammen Musik hören, spazieren gehen, Hand in Hand...

Ich wünsche mir etwas zu Weihnachten:

Hand in Hand, warm angezogen, verliebt über einen Weihnachtsmarkt bummeln, die Gerüche einatmen, Glühwein trinken, verliebt durch den Schnee waten, Schaufenster bummeln...

Ein simpler und kleiner Wunsch, der mir leider von Angy nicht erfüllt werden wird...

Wenn man mich fragen würde was Angy mir alles schon geschenkt hat, dann möchte ich lieber nicht antworten... Alles was mir versprochen wurde, ist bis heute nicht in Tat umgesetzt worden... Alles nur leere Versprechungen... Ein Geschenk zum Geburtstag? Es komme noch... Ein Geschenk zur Verlobung? Abgesagt... Ich will gar nicht wissen was es zu Weihnachten geben sollte... Eine weitere Enttäuschung...

Was anderes kann ich mir beim besten Willen nicht vorstellen, tut mir leid...

Ich kann mich an einen Quarzstein in Herzform erinnern, an ein Büchlein mit Liebessprüchen, an eine Rose und an Parfums... 3 Handgeschriebene (schöne)

Briefe und an einige schöne emails und smsen, wobei ich auf smsen keinen Wert lege... Ich kann mich an ein Geschenk von vor 12 Jahren erinnern – das war das letzte schöne Geschenk das ich jemals bekommen habe... Da war Liebe im Spiel... Aber es sollte nicht halten, war ja auch besser so... Aber wenn ich mir überlege was ich mir alles einfallen liess um meine „Partnerin" zu überraschen... Ha, mir kommt das kotzen, nie und nie und nie und nie bekam ich etwas zurück... Bis mir mal ein Engel sagte; Erwarte niemals von jemanden das er dich so liebt wie du ihn liebst – so wie du liebst, kann man gar nicht mehr lieben in der heutigen gesellschaft – es gibt's gar nicht mehr... Doch, es gibt's, denn ich atme und lebe im heute und hier... Verdammte Scheisse...

Was heisst „Liebe" heute noch? Nicht mehr das was es einmal war.

Was haben wir noch gemeinsam??? Die Wohnung? Die Türklingel? Der Briefkasten? Wir haben nichts gemeinsames... Wir hatten mal einen gemeinsamen Gedanken, und genau deswegen halten wir uns heute noch daran fest... Weil wir uns mal was versprochen haben... Ist es nicht lächerlich und billig? Nur weil man nicht „dumm" dastehen will, versucht man etwas zu erzwingen was schon verloren ist aber man es nicht einsehen will... So kommt es mir vor...

Angy hat ihre Freunde, ihren Ausgang, ihre SMSen, ihr PG, ihr Zimmer und ihre Musik, wozu und warum bin ich denn noch da? Was ist es was ich ihr gebe? Was ist es??? Es hat sich ja seit vor den Ferien nicht unbedingt viel geändert (was jetzt Angy betrifft – mir ist es mittlerweile scheissegal – und doch beschäftigt es mich) – lediglich das sie die Nähe von mir suchte, aber ein „Merci" und ein „Dankeschön" und vor allem ein „Tut mir leid" habe ich verdammt noch mal bis heute nicht bekommen... (Wie oben erwähnt – ich lege keinen Wert auf das wo in SMSen steht)... Ich sage das wegen den SMSen deshalb, wenn man sich bei mir in einem SMS bedankt, dann erwarte ich noch ein persönliches Dankeschön, weil das SMS nur der vorbote war, weil der Mensch, bei dem man sich bedankt ja grad nicht da war... deshalb das SMS... Aber wenn dann im nachhinein kein persönliches Dankeschön kommt, dann verliert jedes SMS seine Glaubwürdigkeit...

Ich frage mich warum ich immer noch hier im Bett sitze und nicht schon längst zuhause... Was hält mich noch hier? Was ist es? Wir sind ein halbes Jahr zusammen, aber ein einfaches beschissenes „Merci" habe ich noch nicht bekommen... Was bringt mir die Aussage; Ich bin dir über alles dankbar, aber kann es nicht zeigen... Wenn man wirklich „will" kann man alles... aber eben... man will lieber in den Ausgang, man will lieber SMS schreiben, man will lieber mit anderen flirten anstatt dem Menschen ein Merci zu geben, der sein letztes Hemd hergeben würde... Eines Tages wird das Erwachen kommen, aber dann wird es zu spät sein...

Ich fasse mich nun mit direkten Worten an Dich Angela:

Es ist der Tag gekommen, an dem ich mich nun verabschiede, ich werde dich ziehen lassen, ich möchte das du DEIN Leben anfängst zu leben, ich möchte das du DEINEN Weg gehst, du lernst was es heisst geliebt zu werden und vor allem was es heisst, Liebe zu geben. Du weißt noch nicht was „Wahre Liebe" wirklich bedeutet, du kannst es gar nicht wissen, wie auch, man hat es dir nie gezeigt, und der Mensch, der es dir zeigen wollte, hast du mit Füssen getreten... Ich bin nicht der richtige Mensch um dir Halt zu geben, ich bin jemand der Liebe zu geben hat, und nicht einfach nur eine Liebe... Wenn du wüsstest was Liebe heisst, hätte ich diesen Brief nie geschrieben und du müsstest ihn nie lesen...

Liebe ist ein Miteinander und füreinander... Aber das was du abziehst in deinem Leben, ist weder noch... Du bist mir nicht gewachsen, du kannst mit mir nicht mithalten, unsere Interessen sind zu verschieden, so das nie etwas gedeihen kann...

Du brauchst jemanden, der genau so naiv und jung ist wie du, jemand dem es egal ist wie lange und mit wem du im ausgang bist, nein, du brauchst jemanden den du mit in den ausgang nehmen kannst, jemand der deine Freunde mag, jemand dem es egal ist ein Merci zu bekommen oder eben nicht... jemand nicht wie mich...

Ich kann und will so nicht mehr, ich hatte eine gute Zeit als du in den Ferien warst, ich hatte keinen Stress und machte mir nur halb soviel gedanken wie jetzt... Es kann es nicht sein... Wann lesen wir zusammen aus einem Buch, wann schauen wir zusammen eine Sendung an über die man dann reden kann, wann schauen wir uns einen Film an der uns beide bewegt, wann hören wir zusammen Musik und reden über Gott und die Welt? Wann spazieren wir Hand in Hand einen Weg entlang, wann schauen wir umschlungen einem Sonnenuntergang zu, wann waten wir Hand in Hand durch den Schnee und werfen uns gegenseitig in den Schnee? Wann legst du dein Handy zur Seite und lässt es für ein ganzes Wochenende bleiben? Ich kenne die Antwort, darum verabschiede ich mich nun von dir...

Ich möchte mich für die Schöne Zeit die wir hatten bedanken, du warst DIE Bereicherung in meinem Leben. Ich lernte durch dich sehr viel, vor allem lernte ich die wirklichen Werte der Liebe wieder kennen und weiss was ich von meinem Leben möchte. Ich möchte geliebt werden Angy, einfach nur geliebt, du kannst mir diese Liebe nicht geben, und das was du mir versuchst zu geben, das reicht mir nicht um glücklich zu sein... Du hast mir schon einige male gesagt; du hast was besseres verdient!

Ich gebe dir heute und hier recht. Ja, ich habe jemand verdient der meine Liebe schätzt und sich dankbar zeigt und mir zeigt, das auch ich wichtig bin, das ich jemand bin und mir ein zuhause gibt... Tja, es sollte anscheinend einfach nicht sein. Wir lernten uns kennen um etwas zu lernen, ich habe gelernt – wie stehts mit dir? Ich habe gelernt das es keine Wert hat Liebe zu geben wenn das gegenüber nicht weiss was Liebe heisst... Oder es noch nicht weiss... Wir sind beide aus dem selben Holz geschnitzt, aber ich bin ein Stück Holz der älteren und reiferen Generation – ja ich bin stolz 32ig zu sein! Es gibt Menschen, die mit 40ig noch denken sie seien 20ig... aber das wäre nicht ich... und ich will es nicht sein... Ich will endlich eine Familie, ein Zuhause, eine Zukunft mit einem Menschen der mich liebt... Du kannst mir diesen Wunsch nicht erfüllen, wozu dann noch Zeit „verschwenden" – das frage ich mich wirklich... Du willst diesen Wunsch noch gar nicht leben Angy, warum hast du uns nochmals eine Chance gegeben? Warum? Ich möchte kein; Ich weiss es nicht. Ich will auch kein „Bö" oder was auch immer, ich will eine klare Antwort. Wenn du mir keine klare Antwort geben kannst (und die Antwort; Weil ich dich Liebe! Diese Antwort reicht mir nicht – ich liebe dich auch, aber sehe den Sinn nicht mehr) dann hat das alles keinen Sinn mehr...

Ich kann dich nicht länger lieben, denn leider ist auch die Liebe vergänglich... Es tut mir leid... Ich wünsche dir auf deinem Weg durchs Leben, all das was du dir wünschst...

Eines Tages werde ich finden wonach ich immer gesucht habe... Du bestimmt auch...

Die belanglose Idiotie des Lebens...

Viele von uns Menschen fragen sich selbst; Warum und wozu? Viele von uns stellen diese Frage auch gen den Nachthimmel – hin zu den Sternen. Nicht jeder aber bekommt   eine   Antwort.
Wozu all das? Wofür und Warum? Für was leben wir noch bei so vielem Schmerz auf der Welt. Die schönen Dinge des Lebens scheinen vorbei – oder besser gesagt, die Zeiten wo sich die Menschheit noch an den schönen Dingen erfreut hat. Heute scheint alles Grau und Triste in den Köpfen der Gesellschaft zu sein.
„Life is too short – don't stress every day – leave your worries behind and go out and play...“
Doch die Gesellschaft ist verkommen – verkommen zu einer verblödeten Gesellschaft – Internet – Handy – Virtual Games – Oberflächlichkeit und Klischees... Es gibt nur noch wenige Menschen die das schätzen was rundherum geschieht. Die Gesellschaft früher waren Idealisten und Träumer. Heute ist es eher eine materialistische verkommene Gesellschaft.
„Life is too short – people seem to forget – that life is a gift – and it's free yes that's it – use your own eyes – open yourself and enjoy your own life...“
Wir streben nach Perfektionismus – nach Glückseeligkeit – nach Macht und Ruhm – und was ernten wir am Schluss? Wohl kaum Applaus oder applaudiert ihr euch auch manchmal selbst. Ich tus, aber nicht um mich zu ehren, eher zum gespött meiner selbst. Mein Leben gleicht dem Gehirn eines Psychopaten – zumindest einem Verrückten. Ist es Ironie oder Bestimmung das ich „Schmerz“ ertragen gelernt habe? So viel Schmerz, Hass, Wut und Trauer in meinem Leben, so das ich heute in einer gewissen Weisse „verrückt“ sein sollte... Aber der Hass und die Wut haben nicht über Trauer und Schmerz gesiegt – es ist die Melancholie des Lebens die mich umhüllt, mein Psychiater würde sagen; das Anfangsstadion einer Depression... Wobei, mein ganzes Leben eine einzige Depression ist. Aber ich hätte anscheinend nicht eine so starke und ausgeprägte Depression wie andere. All dies was ich in meinem Leben erfahren habe, wäre eigentlich der Auslöser für eine gewaltige Depression gewesen, aber ich wurde verschont, da ich stärker bin als das ich bisher angenommen habe. Ich stehe noch immer aufrecht und kämpfe mit allem wo ich noch habe. Viel habe ich nicht mehr – und hier reden wir nicht von materiellen Sachen – wir reden hier von Gefühlen und der Seele. Wo führt das alles noch hin? Wohin bringt uns die Buslinie unseres eigenen Busses? Wofür lohnt es sich noch zu leben, wenn all das was man hatte, einem genommen wurde. Warum wurde man denn noch geboren? Was hat man uns angetan – besser, was haben wir der Welt angetan das man uns dieses Leben antut?
Es ist Herbst. Wieder einmal.
Herbstmelancholie – Nächste Woche ist November – wieder einmal.
Ich liebe diese Zeit. Wiederum hasse ich sie auch. Ich liebe sie aus dem Grund, das meine Kreativität im Herbst und im Winter am besten zum Zug kommt. Aber ich hasse sie, weil immer dann etwas mein Leben auf der Gefühlsebene beeinflusst. Und dies sind nicht immer schöne und angenehme Dinge... Es sind Sachen die einen reifer und älter machen – weil man am „lernen“ ist...

Die belanglose Traurigkeit des Da-Seins...

Der Versuch, jeden Morgen die Wunden abzudecken und die Schmerzen zu betäuben, misslingt täglich kläglich. Ich blicke auf meine vergangenen Jahre zurück und schüttle den Kopf – die sagenumwobene Frage; Warum – stelle ich schon gar nicht mehr. Ich begreife es einfach nicht mehr. Manchmal überkommt mich ein Gefühl, das ich die angestaute Wut, Aggression und Hass am liebsten in einem einzigen Moment und an einem einzigen Menschen abladen möchte. Ich weiss, es wäre Mord. Somit muss ich mir eine andere Lösung suchen. Am liebsten einfach alles rauskotzen – effektivste Methode – schadet niemandem. Aber eben – alles nur Metapher... Man kann sich Gefühle nicht rauskotzen, noch kann man sie verkaufen oder rausschneiden, weder rausbrennen noch vor ihnen davon rennen. Sie sind einfach da. Vergessen ist das einzige das man könnte, doch bei so vielen komplexen Gedanken und Gefühlen ist das in meiner Person relativ sehr schwierig. Was ist aus Weihnachten geworden? Was ist aus der Weihnachtsgeschichte geworden – aus der Liebe und dem geliebt werden? Wo ist all die Schönheit hin? Wo sind die Menschen geblieben die noch eine andere Art von Wertschätzung haben? Weg! Einfach alles verschwunden – verschluckt im Schlund der Gesellschaft. Alle Farben sind verblasst oder übermalt. Nur noch Gier und Habsucht regiert. Macht und Reichtum. Blind geworden seit ihr alle – erblindet durch das Getue und Gehabe der Gesellschaft.   Wie   arm.   Und   wie   krank.
Im Gedrängle, im Irrgarten der Lichter der Gesellschaft versuchen wir immer wieder einen Ausgang zu erblicken – wir sehen ihn – doch wir lassen uns immer wieder von neuem oder anderem beirren und verlieren den Ausgang aus den Augen. Bis es und wieder einfällt. Hätte man damals doch den Ausgang genommen – aber nein. Wir schwimmen ab und dann mal mit dem Strom der Gesellschaft mit, dann halten wir uns am Ufer fest, lassen uns treiben oder wir gehen darin unter und werden ein Zombie der Gesellschaft. Immer wieder erblickst du inmitten der Hektik und des Treibens ein Mensch, mit diesem teilst du die selben Ansichten und Interessen – doch dieser Mensch hat noch Schmerzen, welche nicht so einfach zu betäuben sind, diese Schmerzen lassen den Menschen für eine Zeitlang erblinden. Dieser Mensch lässt sich für eine Zeitlang mit dem Strom treiben, sieht all die Hände am Ufer nicht welche nur gutes wollen. So zieht etwas vorbei... Etwas was vielleicht hätte Früchte tragen können. Aber wir Menschen sind Gewohnheitstiere. Wir haben Gefühle, verspüren Trauer, Angst, Wut und Hass – aber oftmals wird „Mut" vergessen. Wir erwähnen das Wort schon gar nicht mehr. Je mehr man etwas versucht hat, je mehr man Mut in eine Sache gesteckt hat, und je mehr man darauf verletzt wird oder wie es immer misslingt, dann denkst du schon gar nicht mehr an Mut. Dabei wäre es gut, den Mut gibt dir die Kraft zu sein was du sein willst – auch wenn die Welt dich hasst. Ich fasse Schmerzen in Worte, schreib sie auf Papier – mach daraus ein Lied, eine Geschichte, ein Film und schenke es Dir – aus dem Wunsch das du weißt und begreifst, das ich gerne der wäre – der dir Liebe und Geborgenheit schenkt.

Die Unerträgliche Leichtigkeit des Seins – oder des Nichtseins...

Wir leben in einer Zeit, in der Materialismus, Macht und Habgier an oberster Stelle stehen. Die kleinen Dinge werden heute immer weniger geschätzt. Man beachtet das schöne in der Welt immer weniger. Die, die das tun, werden mehr und mehr aus der Gesellschaft ausgeschlossen. Es ist Schade. Aber immer wieder, in kleinen Momenten, zeigt sich immer wieder der wahre Kern der Gesellschaft. Der weicher Kern. Irgendwo ist immer noch Liebe vorhanden. Aber eben – der Druck der Gesellschaft dominiert – und dieser Druck ist nicht immer das was wir „leben" wollen. Wenn man das Treiben jeden Morgen im Zug beobachtet – und vor allem jetzt, einige Tage vor Weihnachten – sieht man vielen Gesichtern an was sie denken, was sie sich wünschen und was sie fühlen. Oftmals ist es Einsamkeit die am meisten zum Ausdruck kommt. Viel zu wenige Menschen öffnen sich – sie bleiben verschlossen und machen „zu" – aber genau das wäre eigentlich der Moment an dem man aus sich herauskommen sollte und das Leben leben sollte...

Every Beginnig has an End...

Es kam die Zeit wo ein Anfang ein Ende hatte... Es wird Menschen geben, die diesen Entscheid nicht verstehen können – ich verstehe ihn jedoch gut und für meine psyche und für meine Seele ist es besser so... Nicht alles was man will, ist auch das was man haben soll... Manchmal ist es besser auf gewisse Dinge im Leben zu verzichten. Manchmal sollte man sich fragen, was ist es was du wirklich willst... Einfach das Leben mit einem farbigen Tuch zu überdecken bringt in den meisten Fällen nichts, man sollte sein und tun wie man selbst ist... Aber nicht jeder kommt eines Tages zu einer solchen Einsicht...
Life is strange – life is cruel – but we live in this cruel world... It's our destiny to be what we are...
Nothing else Matters...

Entscheidungen...

Wir Menschen haben es im Leben nicht leicht, vor allem immer dann wenn wir Entscheidungen zu treffen haben. Heute war wieder einmal ein solcher Tag. Seit gut 3 Tagen beschäftigte mich dieser Gedanke und heute, heute war eine Entscheidung gefragt und die Entscheidung war richtig. Obschon ein kleiner Schmerz dahinter steckt, aber es ist besser so... Glaubt es mir... Es ist nun beinahe gut ein halbes Jahr her wo ich mich wieder einmal verliebt hatte, aber ich wusste damals schon das es das nicht sein wird. Ich war zu versteift auf den Gedanken das es für ewig halten würde, Verlobung, planung eines Kindes und so weiter... Aber es war zuviel Stress für uns beide, wir wollten es nicht wahr haben und wollten uns nicht verletzen, aber manchmal ist es besser auf das Herz zu hören. Ironie ich weiss, mit dem Herzen liebt man, doch Liebe, was bedeutet dies? Gibt es die wahre Liebe wirklich nur einmal? Nein, aber die einzig wahre unsterbliche Liebe gibt es... Doch wenn man zu sehr vertieft ist zu suchen, findet man meistens nur ein dunkler Weg der nicht dorthin führt wo man hin will...

Ich habe in der letzten Zeit gemerkt was mir wichtig ist und was mir wichtig scheint. Ich bin ein Mensch, der seine Zeit braucht, der gerne alleine zuhause ist, jedoch gerne Gesellschaft hat. Aber zu lieben, ein grosser Wunsch von mir, ist in diesem Leben nicht so vorgesehen. Ich habe in meinen früheren Leben anscheinend zu viel geliebt – aber dieses Leben bietet mir nun die Chance mein Leben zu Leben und meine Träume zu verwirklichen – und dies sollte ich so schnell wie möglich tun – die Zeit ist für jeden von uns begrenzt. Ich durfte viel erleben in meinem Leben. Ich durfte Zeuge von vielen Ereignissen sein. All dies macht mich heute zu diesem stolzen Menschen der ich bin. Ein Mensch, der Erfahrungen gesammelt hat, der diese Erfahrungen zu Papier bringen muss und mein Wahn in die Geschichtsbücher einzugehen, scheint ein Wahn aus anderen Leben zu sein – wer einmal in den Geschichtsbüchern stand, will immer wieder dahin... Wer war ich? Woher komme ich? Warum bin ich ich? Mein Weg, meine Busfahrt des Lebens, bringt mich immer wieder an Orte, an denen ich Dinge sehe, aus denen ich Erfahrungen sammeln kann und lernen kann. Ich begegne den unterschiedlichsten Menschen – Heute hier und morgen da, eine Erinnerung an damals, wie es wirklich war... Heute scheint mir mein ganzes Leben als eine grosse Geschichte, eine Geschichte die erzählt werden will.

Ich werde damit anfangen meine Geschichte zu erzählen, nicht auf die konventionelle Weise – sondern auf eine Weise, die mir gefällt, auf eine Art, die nicht jeder verstehen wird, aber genau das ist was ich will, die Geschichte wird die Menschen berühren die das verstehen wollen. Ich bin nicht alleine auf dieser Erde, ich bin nicht einfach nur ein Mensch der lebt, ich habe eine Bestimmung die mir wichtig ist – diese Bestimmung basiert rein auf meinem Leben. Mein Leben ist meine Geschichte – Mein Leben ist der Grund warum ich heute bin was ich bin... Gestatten Sie, mein Name ist Tom Krisper, geboren am 5. Juli 1976 – Ich bin von Sternzeichen Krebs und meine Natur ist die Melancholie und die Sentimentalität, ich bin introvertiert-extrovertiert, ich lebe und bin mittlerweile nicht mehr der Zuschauer sondern stehe mitten auf der Bühne des Lebens – ich bin einer von euch – ich gehöre dazu – und eines Tages werde ich Regie führen. Ich werde meine Ziele und meine Träume erreichen – nicht weil ich will – weil ich werde... Es ist meine Bestimmung all dies zu erfahren – es ist meine Bestimmung Leid und Schmerz zu erfahren. Aber mittlerweile macht es mir nichts mehr aus – ich bin beinahe versessen darauf zu fühlen was andere fühlen, zu erleben was andere um den Verstand bringt – Ich bin geil darauf mein Leben leben zu dürfen – aber warum dieser Sinneswandel in der letzten Zeit? Eine kleine Ahnung habe ich – man hat mich erhört und man will,

das ich Glücklich werde und das kann ich nur wenn ich endlich mein Leben lebe...
Ich hatte Wünsche und Träume, die nicht meinem Ich entsprachen. Ich wollte einfach
etwas sein was ich nicht bin – heute hier und jetzt – bin ich wieder ich und freue mich
auf das was das Leben für mich noch bereit hält, ich weiss, was mich erwarten kann,
daher – lebe ich einfach... Ich habe heute nochmals eine Chance bekommen, mein
Leben zu ordnen und zu leben... Ich tue es diesmal... Es kann gut sein, das in
nächster Zeit jemand meinen Weg kreuzt, aber dieser jemand muss lernen und
verstehen das ich einfach ich bin, mich man so zu nehmen hat wie ich bin. Man mir
meine Freiheiten lässt und ich es nicht zulasse mich gehen zu lassen. Aber dieser
Jemand muss mit mir meine Träume teilen können, mein Schreiben akzeptieren und
mich wie ein Vogel in der Welt herumfliegen lassen – und ich muss lernen das
Fliegen nicht aufzugeben... Das ist was ich meine; Wenn ein Toter Engel wieder
fliegen lernt... Ich habe meine Flügel wieder ausgebreitet, bin bereit, ich weiss das
ich es kann – ich kann es nicht nur – ich werde wieder fliegen... Ich flog schon früher
– was ich früher konnte, kann ich noch heute... Ich hatte es einfach verlernt – aber im
Leben hat man immer wieder eine zweite Chance – vor einer gewissen Zeit hätte ich
gesagt, das man im Leben immer nur eine Chance hat – dem ist aber nicht so – Das
Leben hält viele Türen parat, und du entscheidest welche du öffnest... Ich blieb
immer viel zu lange stehen und überlegte welche von den Türen ich öffnen wollte, so
versuchte ich immer alle gleichzeitig zu öffnen und dann zu entscheiden – hat nicht
geklappt, habe zu lange studiert... Heute habe ich den Notausgang genommen – war
besser so... Und jetzt muss ich sagen – es war die richtige Entscheidung... Ich bin
froh heute zu sein was ich bin und bin doch recht glücklich über die Entscheidung...

24.10.2008

Goodbye cruel world...

Dankeschön liebe Welt – Danke, das ich ein Teil von dir sein darf. Doch habe ich dieses Leben wie es ist wirklich als solches verdient? Ich bin ein gefühlsmensch, zu sehr – zu oft... Ich frage mich immer wieder, warum bin ich so wie ich bin, welchen Sinn und Zweck erfülle ich in diesem Leben? Warum ist alles so wie es ist? Was ist so besonderes daran? Was bringt mir die Zukunft, wenn doch schon eh alles „beschissen" war bis hier hin? Nicht alles war schlecht in meinem Leben, es gab auch gute und schöne Momente, doch Momente sind vergänglich wie alles andere auch, Freunde, Familie, Geld, Job, Haustiere – das Leben an sich ist auch vergänglich – nach deinem Tod wird sich mit der Zeit niemand mehr an dich erinnern... Für was denn überhaupt noch „sein" – für was alles noch? Um noch mehr Schmerz und Leid erfahren zu dürfen? Um zu sehen wie alles und alle um dich herum immer mehr zu deiner Vergangenheit gehören werden? Für was stehst du am Morgen noch auf? Du gehst zur Arbeit, und ich gehe gerne zur Arbeit, da dort viele gute Menschen sind, Menschen die mein Leben bereichern und mir gut tun... Es ist noch einer der wenigen Orte wo ich mich zurzeit wohl fühle. Alles andere rundherum bereitet mir mehr Kummer und Schmerzen anstatt Freude. Besondere Menschen gibt es in meinem Leben immer weniger. Es gibt welche die ich in mein Herz geschlossen habe, doch diese Menschen wissen das nicht, ich habe festgestellt, das wenn ich „geliebten" Menschen das Gefühl vermittle das ich sie brauche, umso mehr distanzieren sie sich von mir, irgendwie scheint es so... Vielleicht sind es auch die falschen Menschen, aber ich gerate immer an Menschen, die sich mir zur Seite stellen wollen und wenn ich mich zu ihnen stelle, dann gehen sie... Nicht das sie sich fürchten vor mir, aber sie merken dann schnell das ich jemand bin, der ein ganz anderes Niveau hat als sie selbst. Sie versuchen zu helfen und merken baldmal, das sie die Kraft gar nicht aufbringen können um mir zu helfen... Mein Leben, meine Gedanken und meine Gefühle sind zu komplex, so komplex das die Menschen merken das es noch mehr gibt als sie bisher angenommen haben. Ich treffe immer wieder auf Menschen, denen ich wohlgesonnen bin – doch je mehr sie von mir und meinem Leben wissen, umso mehr hinterfragen sie ihr eigenes Leben und merken schnell mal, das ihres trivial ist, ihr Leben ist im gegensatz zu meinem langweilig, jedoch jeder erlebt irgend etwas und macht ihn besonders, aber das will dann niemand mehr verstehen... Mein Leben sei speziell, ich könne mit ihrem Leben nicht mithalten oder sie können mit meinem nicht mithalten... Ich verlange gar nicht das man meinem Leben das Wasser reichen soll... Ich möchte es doch nur teilen. Aber es scheint, das ich mein Leben so leben werde wie ich es eigentlich nie wollte... Alleine... Schade...
Wenn ich mein Gegenüber im Zug betrachte, scheint dieser Mensch auch etwas melancholisch, die Augen erwecken den Eindruck geweint zu haben, die Haltung und der Blick verraten schon viel über einen Menschen. Am liebsten würde ich fragen; was ist dir heute geschehen? Was hat dir dein Leben angetan? Warum hast du geweint? Aber eben, ich bin ich und die anderen sind die anderen. Wenn mich eines Tages im Zug jemand ansprechen würde, so wie ich es tun würde, ich wäre begeistert. Ich wüsste das ich nicht alleine wäre auf dieser Welt. Aber es wird's niemand tun... Die Vorstellung so den Menschen fürs Leben kennen zu lernen klingt absurd, aber so wie ich bin, muss es doch noch einen Menschen geben... Ich weiss, klinge etwas theatralisch, aber es ist advent, in einigen Tagen Weihnachten und ich habe den Moralischen... Ich möchte im Moment nicht mehr sein und doch möchte ich sein, aber ich möchte doch endlich erreichen was ich möchte, einen Menschen, der

mich so liebt wie ich bin, der genauso liebt wie ich ihn liebe... Aber es wird sehrwahrscheinlich immer ein Wunsch bleiben...

Ich habe meinen Wunsch zu Weihnachten schon geäussert, aber ja... Ich suche nicht mehr... Ich mag nicht mehr... Entweder wird dieser Mensch mich finden oder meine Geschichte wird so enden wie ich sie schon mal aufgeschrieben habe, als alter Mann mit einem Hund auf einer Parkbank...

Ich werde über die alten Zeiten lächeln, mit Ironie und Humor – mit einem weinenden und einem lächelnden Auge...

There are Days to remain...

Es gibt Tage, an denen du dich fragst wo das alles hinführen mag. Du stehst an einem Punkt in deinem Leben und denkst dir, warum? Wieso? Weshalb? Wofür? Du blickst mit einem leicht angespannten Blick zurück auf dein Leben und siehst nur ein weisses Tuch. Ein weisses Tuch? Was hat ein weisses Tuch in meinem Leben zu suchen. Wieso liegt das da? Fragend und irgendwie schon ahnend hebst du das weisse Tuch auf und blickst darunter. Du wirst ganz Bleich und bist dem Erbrechen nahe. Sorgfältig legst du das Tuch wieder hin und wendest dich wieder der Zukunft zu. Nochmals blickst du zurück und fragst dich; war ich das? Es schaudert dich. Langsam beginnst du mit den Überlegungen und stellst fest, das nicht alles deine Schuld war – es hat immer eine Ursache, das was du gesehen hast unter dem Tuch, war die Wirkung. Waren meine letzten 32ig Jahre wirklich so derb? Du suchst in Eile nach einem Spiegel und blickst in dein Angesicht. Du suchst verzweifelt nach Spuren – nach Narben. Nichts! War ich – bin ich tatsächlich so stark? Wie konnte ich all dies überstehen, fragst du dich. Der Körper an sich trägt keinen Schaden mit sich – doch die Seele, die sieht man nicht wenn man in den Spiegel blickt... Meine Seele muss uralt sein, eine neue junge und frische Seele hätte dies nicht überlebt. Was widerfuhr mir in meinen früheren Leben das ich heute so resistent bin und doch so zerbrechlich? Es reizt mich dies eines Tages herauszufinden, obschon, eine Angst zieht mit. Was wäre wenn ich sehen würde wer oder was ich war? Wenn ich etwas sehe was ich nicht sehen möchte. Ein Paradoxes aber doch „wahrscheinliches" Beispiel; Shakespeare? Da Vinci? Richard Nixon? Mussolini oder gar Hitler? Sokrates oder Platon – oder – sollen mich bitte die Bibelgläubiger für diese Aussage verachten – Jesus? Ihr könnt gut lachen, aber schon mal in Erwägung gezogen, was wäre wenn? Mein Leben würde einen ganz anderen Verlauf nehmen – es ist eine paradoxe Vorstellung, ist mir bewusst, aber meine Stärke muss von irgendwo her kommen. Habe ich einen Schutzengel? Bin ich vielleicht gar ein Engel? Ein Toter Engel der fliegen lernen will, aber es nur vergessen hat? Was wäre wenn ich ein gestrandeter Engel bin, auf der Suche nach meinen Flügeln um wieder dorthin zurück zu kehren wo ich einst herkam? Eine Frage die ich mir schon seit Jahren stelle; Was ist meine Aufgabe in meinem Leben das ich immer und immer wieder Erfahrungen machen muss die mein Leben derart prägen wo sich ein anderer das Leben nehmen würde? Ich höre schon die etlichen „Aber..." – Nix aber! Wisst ihr eigentlich wie es in mir drin ausschaut? Habt ihr eine Vorstellung von dem was ich Denke und was ich Fühle? Wohl kaum! Ihr verschliesst euch gegenüber all den Gefühlen die wirklich sind. Was hat der Tod mit mir angestellt als er meinen Onkel, meinen Grossvater, meinen Bruder, meinen Vater und meine Grosseltern geholt hat? Was hat er mir hinterlassen? Eine Botschaft? Oder einfach nur eine gewisse „Anzahl" Zeit? Ich kann es nicht erkennen, verzweifelt suche ich, doch man soll nicht suchen, es wird der Tag kommen andem ich es erfahren werde – und dann... Dann weiss ich den Sinn meines Lebens, obschon ich ihn mir bereits gegeben habe... Ich weiss wo ich hin will...   Gelange ich aber auch dorthin? Ist es meine Bestimmung? Eine Bestimmung wird es sein, aber nicht die, die wichtig ist...
Ha! Die Ironie des heutigen Tages: Wenn man unbedingt von A – B gelangen will – und das so schnell wie nur möglich am liebsten, dann – dann passiert immer das womit man nie rechnet. Mein Zug von Bern nach Murten, mit einmal umsteigen in Kerzers, gestaltete sich heute doch etwas problematisch. Der Zug von Kerzers nach Murten fiel aus. Technische Störung. Somit nahm ich mit einigen anderen Fahrgästen den Bus von Kerzers via Galmiz nach Muntelier. Den Rest muss ich dann zu Fuss gehen. Obschon sogleich der direkte Bus von Kerzers nach Murten

einfuhr. Ich hätte den nehmen können, es hätte gereicht umzusteigen. Doch ich lies es bleiben. Aber wieso lies ich es bleiben? Ironie oder Bestimmung? Was wäre passiert wenn ich den anderen Bus genommen hätte? Eine Frage die ich mir lieber selbst nicht beantworten möchte. Es ist immer das Ausserordentliche das sich in Frage stellt. Es war eine Entscheidung die ich getroffen habe. Aber warum habe ich mich für diese Variante entschieden?
Das werde ich wohl nie erfahren. Aber es musste sein!

Die Elemente...

Der Regen – er prasselt auf das Dach des Bahnhofs, ein kühler Wind zieht langsam auf, gefolgt von Blitz und Donner... Die Sonne schien heute sehr warm und der Tag, der Tag ging vorbei wie jeder andere auch...
Ich sitze im Zug nach Bern – die Wolken am Himmel erzählen eine Geschichte, die Geschichte der Zeitlosigkeit... Weshalb entschied man sich für 24 Stunden, für 60 Minuten...? Wer entschied das...? Der Mond dreht sich um die Erde und beeinflusst unser Schlaf sowie das Wasser auf unserer Erde... Wir werden geboren und wir sterben wieder – Staub zu Staub – Asche zu Asche... Ein ewiger Kreislauf den noch nie jemand zuvor beeinflussten konnte... Ich will hier jetzt nicht überheblich klingen, doch mein Leben hat eine Art „unsterblichkeit" – ich erlangte Gedanken und Gefühle die nicht jeder mit mir teilen kann... Ich sehe und doch sehe ich nicht – ich sehe viel, kleine Dinge in der Welt die mir Freude, Trauer oder Wut bereiten... Ich betrachte jeden Tag als eine Herausforderung und doch hat jeder Tag etwas alltägliches an sich... Und jeden Tag begegnest du den unterschiedlichsten Menschen... Und ab und zu siehst du einen Engel in Gestalt eines Menschen sitzen... Du triffst diese Menschen einmal im Leben, respektive du siehst diesen Engel ein einziges Mal... Diese Engel sind da um dich vor etwas zu bewahren, wäre dieser Engel nicht in diesem Moment an diesem Ort gewesen, wäre etwas passiert... Das ist so... Im Nachhinein muss ich feststellen, dass ich schon einigen Engeln begegnet bin... Vor nicht allzulanger Zeit bin ich einem Engel begegnet und führte ein gutes Gespräch – seither habe ich diesen Engel nie wieder gesehen... am 1. Februar lernte ich auch einen Engel kennen, nur wusste ich nicht was mir dieser Engel mit auf den Weg geben wollte – ehrlich gesagt ich weiss es noch heute nicht... Dieser Engel hatte zwar einen noch kleineren Engel dabei, vielleicht war dies der Engel der mir etwas sagen wollte... Heute traf ich wieder auf einen Engel, dieser Engel sagte mir „Hallo" und wünschte mir einen schönen Abend – dieser Engel sass auf den Stufen zu einer Schule und sah zufrieden aus, doch ich spürte das dieser Engel ein „Bewahrer" war... Und wenn ich jetzt zum Fenster des Zuges rausblicke – sehe ich die Pforte offen stehen und viele Engel werden wieder zurückgerufen und andere kommen herunter... Ein steter Wechsel der Elemente...
Ich habe auch einen Engel zur Seite, nur weiss dieser Engel nicht, das sie einer ist... Aber wenn mich all die Engel sehen und ich sie auch... Wer sagt, das ich kein Engel bin... Vielleicht weiss ich es nicht, nicht mehr, habe es vergessen, will es nicht wahrhaben... Ich habe eine Art die sehr gutmütig ist und ich nie wirklich böse sein kann... kann es sein...?
Manchmal stelle ich mir eine ganz bestimmte Frage: Wenn ich ein Engel sein soll, was für einer bin ich dann?
Jemand schrieb mir mal einen Satz – einen Satz der zu meiner Person passe:
Wenn ein Toter Engel fliegen lernt
Ein gestrandeter Engel, ein Engel der nicht weiss, das er ein Engel ist, ein Engel der sich selbst für Tot erklärt hat und nun verzweifelt versucht das Fliegen wieder zu erlangen...
WENN EIN TOTER ENGEL FLIEGEN LERNT
In weissen Kleidern, stehend auf einem Fels, irgendwo auf einem Berg, hoch oben, alles überblickend, steht er. Der Wind weht, ruhe, nur die Natur die ihre Geräusche kund tut. Die Arme ausgebreitet, wie Flügel, die Augen geschlossen, die Abendsonne die langsam am weiten Horizont verschwindet. Ein Lächeln auf dem Gesicht und doch Ernst. In den Gedanken Frei von Wut und Hass, Traurigkeit und Melancholie...

„Gott schuf die Erde, die Tiere und die Menschheit... - Doch wo ist Gott wenn man ihn wirklich braucht? Er nimmt uns das was wir am meisten lieben und überlässt uns der Trauer und der Wut. Er nimmt und gibt es uns nicht mehr zurück..."
„Manchmal – manchmal schickt er denjenigen die es am meisten brauchen einen Engel – einen Engel der die Stelle zwar nicht ersetzen kann wo jemand anders stand – aber es demjenigen etwas einfacher macht und ihm halt gibt... Engel sind da um uns das Leben nach Schicksalsschlägen einfacher zu gestalten..."
Doch leider werden diese Engel nicht immer als Engel angeschaut – manchmal werden sie leider nur als mittel zum Zweck betrachtet – oder gebraucht...
Immer noch mit den Armen als Flügel ausgebreitet steht er auf dem Fels, der Wind, die Abenddämmerung – Er lässt sich vom Wind in die Tiefe tragen – wo bleiben die Flügel, die Schwingungen, er fällt, die Augen noch immer geschlossen – kann ein toter Engel doch nicht mehr fliegen? War er überhaupt ein Engel... Wo ist der Mensch, der glaubt, das er ein Engel ist? Gibt es den Menschen überhaupt? Er stürzt in die Tiefe... Er fällt in den Abgrund... Er war ein Engel und Gott nahm in zu sich zurück... Der Engel war tot und lernte das fliegen wieder – jedoch nicht auf Erden...
Er hatte viel zu viel Liebe zu geben – für ihn gab es viel zu viel „Schönheit" auf Erden, welches er mit niemandem teilen konnte, er bekam nicht diese Liebe welche er selber zu geben hatte – es war zuviel für ihn und so entschloss sich Gott ihn wieder zu sich zu nehmen...
Schade war er um diesen Engel – doch nun war er wieder unter seines gleichen... Es gibt Menschen, die haben einen solchen Engel verdient – doch leider merken diese Menschen es immer dann, wenn der Engel nicht mehr da ist... Aber dann ist es bekanntlich zu spät... Er wollte doch nur geben und das bekommen was er selbst gab. Aber es schien nicht einfach zu sein, er hatte so viel in sich wo er geben konnte – er machte allen das Leben einfacher und half wo es nur ging und er selbst, hat sich dabei immer „vergessen" – besser, er hat auf „sein" Leben verzichtet um den anderen ihres einfacher zu machen... – immer und immer wieder...
Der Engel musste Tot sein um wieder Fliegen zu lernen...
Ironie des Schicksals...

Engel

Es gibt Menschen, sie sind Engel... Es gibt Engel, die sind Menschen... Sehr selten können wird den Unterschied erkennen, wenn jemals überhaupt... Es gibt aber dann Menschen, die sehen den Unterschied – die aber, lächeln vor Freude und behalten es für sich... Es gibt aber Engel die nicht wissen, das sie selbst Engel sind die auf Erden wandeln und keine Menschen sind... Diese Engel werden jeweils nur von einem einzigen Menschen erkannt – diese zwei sind für einander bestimmt... Ich habe den Engel erkannt...! Der Engel der wahren unsterblichen Liebe... oder ist es der Engel der mir den Weg weißt um einzusehen was mein Schicksal ist...
Doch was einem nicht gesagt wird: es gibt für jeden Menschen jeweils zwei Engel... Der Engel der wahren unsterblichen Liebe oder den Engel des Verderbens... Wir Menschen sind leider nicht mehr in der Lage diesen Unterschied zu merken – erst dann wenn es zu spät ist bemerken wir was man uns sagen wollte... Hierbei spielt auch die Geduld eine Entscheidende Rolle... Wer Geduld üben kann, wird merken welcher Engel ihm gut gesandt ist... Doch leider haben wir es verlernt Geduld zu üben und stürzen uns kopfüber in etwas hinein was wir später bereuen könnten... Wenn wir Geduld hätten... dann... dann hätte man was man begehrte... Ich hatte leider in meinem Leben immer zuviel Geduld und doch hatte ich keine... Ich duldete immer sehr viel – viel zu viel und dieses Dulden wurde mir oftmals zum Verhängnis... Ich bereue gewisse Momente und doch bereue ich sie nicht – sie machten mich zu dem was ich heute bin... Was bin ich heute...? Auf der endlosen verzweifelten Suche nach Liebe und Glückseeligkeit...
25.05.2008

Irgendwie

Heute war irgendwie ein komischer Tag – er hat zwar gut angefangen – doch es artete ziemlich in einem chaos aus... was solls... Es kommt wie es kommen muss, es war ja noch nie anders... Irgendwo stösst man gerne an Grenzen seines selbst... Aber das sind dann die herausforderungen im Leben, denen man sich stellen muss – gibt keinen anderen ausweg...
Wenn ich meine Gefühle heute betiteln sollte, finde ich dafür keinen Ausdruck... Schreien könnte ich, ohne weiteres... aber was bringts? Nichts... Ich lass einfach alles auf mich zukommen... Bewältigen werde ich alles – immer auf irgendeine weise... Das Leben birgt immer irgend etwas und alles hat immer seinen Sinn...
Ich möchte einfach schreiben können, doch in mir sind tausend gedanken die kreisen – auf und ab – hin und her...
„... Ich mach die Augen zu und lasse mich fallen – ich hoffe jemand fängt mich auf – ich dreh mich im Kreis mit verbundenen Augen – bis mir jemand die Richtung weist...
– Ich mach die Augen zu und lasse mich fallen – ich weiss Du fängst mich auf – ich dreh mich im Kreis mit verbundenen Augen und ich weiss du weist mir den weg...“

Manchmal, aber eben nur manchmal...

In der heutigen Gesellschaft ist es vermehrt schwieriger gewisse Kontakte zu knüpfen. Man beobachte das Treiben zwischen 17 und 18h am HB in Bern. Die Menschen eilen auf ihre Zugverbindungen, sind genervt oder gar amüsiert. Ein behaglicher Unterschied zu Zürich, in der Metropole der Egoisten und Wichtigen ist das Treiben viel hektischer und sehr unpersönlich – jeder schaut für sich, ja nicht von jemanden anquatschen lassen... In Bern, ja in Bern, der Name sagt ja schon genug aus... Die Menschen sind anders in unserer Hauptstadt. Ganz anders, die Leute sind offener und gehen mit Kritik ganz anders um als andere Städte...
Aber manchmal, da gibt es Menschen die hinterlassen dir einen bleibenden Eindruck und dieser Eindruck wirst du nicht los und versuchst ihn wie wild abzuschütteln. Aber er klebt an dir. Du verzweifelst beinahe. Du weißt nicht mehr was du tun willst, jede Interaktion scheint dir in diesem Moment verkehrt. Sind die Menschen so wie sie sich in der virtuellen Welt geben, oder täuschen sie sich sogar selbst? Zwar hatte ich die Möglichkeit, während gut 30 minuten die Bekanntschaft zu machen mit einem sehr interessanten Menschen, ein sehr weicher Kern mit einer harten Schale. Sie gibt sich gegen aussen viel cooler und stärker als das sie in wirklichkeit ist. Sie sucht Halt und doch will sie Frei sein. Beides kann sie nicht kombinieren weil Halt doch auch eine Beziehung beinhaltet. Sie wäre Beziehungsfähig – auf ihre Weise – doch meistens ist es das Gegenüber das sie zweifeln lässt... Sie scheint es nicht einfach gehabt zu haben und hat es im Moment auch nicht unbedingt einfach. Aber sie versucht die Realität mit Ausgang, Ferien und Klamotten zu kaschieren. Auf eine gewisse Weise gelingt ihr das auch – aber sie hat die Rechnung ohne mich gemacht – ich sehe den Menschen hinter der Bühne, den Menschen hinter der Fassade... Das wissen viele nicht und lasse es die betreffenden Personen auch nicht auf anhieb oder gar nie wissen. Ich will sie nicht ihrer Illusion berauben – das werden andere tun... Oder haben bereits andere getan... Ich bin nur hier um wieder einen Ausgleich zu schaffen... Ich gebe den bestimmten Menschen wieder Hoffnung, ich zeige ihnen das es noch anderes gibt als das was sie bisher kennengelernt haben. Aber eben, ich kann es nicht nur einem Menschen zeigen, es haben zu viele Menschen es verdient – aber ich habe nur dieses eine Leben und für all das ist es zu kurz – ich kann nur darüber schreiben – aber lesen müsst ihr es selbst... Ironie oder einfach nur der Weg zum Ziel?

Manchmal...

Manchmal, dieses Wort, irgendwie beinhaltet es eine Faszination. Und dennoch ist es Plump. Simpel und Banal. Nichts aussagend, aber doch aussagekräftig. Ein Widerspruch, ich weiss, na und? Manchmal ist eine Zeitangabe...
MANCHMAL wird das erste Wort in meinem Buch sein, genau mit diesem Wort werde ich meine Geschichte beginnen. Sowie auch das darausfolgende oder gar paralell-laufende Drehbuch.
Das ist der Titel der Geschichte. Mit Untertitel:
Wenn tote Engel fliegen lernen...
Ich weiss auch wem ich diese Geschichte widmen werde, einem Freund, einem guten Freund. Einem Freund, der wie ich, der Gedanken hat ein Engel zu sein. Jemand der wie ich gestrandet ist und die Hoffnung an die Liebe nicht aufgegeben hat. Jemand, der zu gut ist für diese Welt.
Die Geschichte beinhaltet auch einen Teil des Freundes. Welchen Weg, welchen Lebensweg, du auf dich nehmen musstest um diesen Freund zu finden.
Eine Geschichte quer durch mein Leben. Von der Geburt bis Heute. Was ein Mensch alles auf sich nehmen kann und tut, nur um einen Freund zu finden. Wie viele Schmerzen und Trauer, Wut und Hass ein Mensch in der Lage ist zu ertragen ohne selbst ein Täter zu werden. Ein psychologischer und philosophischer Höhe- und Tiefflug.
Was ein Mensch alles erdulden kann, was ein Mensch schon nur in der Lage ist um an ein Ziel zu kommen.
Die Geschichte wird zwar ein Ende haben, doch nur die Geschichte in Buchform, die wirkliche Geschichte wird sich weiter erstrecken und weiter... Bücher können auch mehrere Bände haben.
S O M E T I M E S
On your way to your destiny, you'll meet unbeliveable stories and unvorgiven humans
But you fight untill the end...

Manchmal...

Manchmal sitzt „Mensch" einfach da, so wie ich es tat bevor ich zu schreiben anfing.
Ich sass einfach da, starrte ins Leere, der Hund neben dem Sofa und die Katzen, ja die Katzen waren die einzigen die „Radau" machten, in meinen Fingern hielt ich einen angerauchten Joint, die Asche drohte zu Boden zu fallen. Ich zuckte mit keiner Wimper, das einzige was ich in diesem Moment tat – war atmen. Ich atmete und ich atme noch immer...
Manchmal wenn der Mensch einfach da sitzt und atmet, kann es gut sein, das genau in diesem Moment eine wohlbekannte Frage innerlich gestellt wird: „Warum?"
Die einzige Antwort die du darauf bekommen wirst, ist nicht die, die du hören willst;
„Weil es so ist!"
Stimmt ja auch, sonst wäre die Frage nie gestellt worden, - die Frage besser formuliert wäre; Warum ist es so wies ist?
Binnen 4 Monaten wurde ich um eine Lektion reicher und das Leben zeigte mir, das was ich am Anfang schon gesagt habe – und es ist eingetroffen...
In dem Moment wo du der wahren Liebe des Lebens begegnest bleibt die Zeit stehen...
Das Stimmt!
Was einem wirklich nicht gesagt wird, ist, das alles, aber auch alles, anders ausschaut wenn dich die Zeit wieder eingeholt hat...
Es gibt einen Film, der nennt sich: ONCE mit dem Übertitel: Wieviel mal begegnest du der wahren liebe des Lebens? Once! (Einmal)
Diese Liebesgeschichte hatte mal kein Happyend...
Und die Geschichte erst... ja diese Geschichte kenne ich doch nur zu gut... Und in diesem Atemzug stellt sich die nächste und berechtigte Frage;
Was stimmt hier nicht?
Ich bin am trauern... Das stimmt... Es tut weh... Bin enttäuscht und verletzt... Alles korrekt – weil ich mir „anders" erhofft habe – warum aber habe ich mir etwas anderes erhofft, warum wollte ich das was ich wollte... Was gab mir den Anlass das zu tun was ich tat...?
Liebe!
Ausser Frage...
Aber Warum?
Warum wohl...?
Und schon kommt tatsächlich „Shakespeare" zum Zug;
Noch das geringste Zischen erkünstelter Seufzer, nicht das immertränende Auge, noch das niedergeschlagene Gesicht, noch irgendein anderes äusserliches Zeichen der Traurigkeit... des loslassen- und aufgebenmüssens...
So wahr ich hier sitze... Ich weiss es...

Die Grausalität eines Morgens...

Nicht jeder Morgen gestaltet sich von anbeginn gleich, jeder Morgen ist anders und dennoch ist jeden Morgen ein Morgen. Heute ist der 4. November 2008 – Herbst... Ich liebe den November, er hat stets was mystisches, etwas ruhiges und etwas melancholisches und auch etwas trauriges – im November stirbt der Herbst und eine neue Wende steht bevor – der Winter! Und mit dem Winter kommt der Jahreswechsel. Ein neuer Abschnitt – ein neuer Anfang...
Alles was einen Anfang hat – hat auch wieder ein Ende und jedes Ende hat einen Anfang... Wenn etwas stirbt, beginnt irgendwo etwas neues... Auch wenn Du innerlich stirbst – wird etwas neues in dir wiedergeboren... Lasse altes los und schreite nach vorne... Was du nicht gebrauchen kannst auf deinem Weg des Lebens – lass liegen. Was dir im Wege steht – räume aus dem Weg. Mach dir den Weg frei, nur du weißt was du willst, nur du kennst dein Ziel. Alles was war wird nie wieder sein.
Ich erlebe diesen November wieder einmal sehr intensiv was die Gefühle betrifft – ich spreche hier nicht von Liebe – das allgemeine Gefühl. Das was um mich herum geschieht – die Menschen – das Leben – das Sterben... Ich habe immer gesagt das das Jahr in dem ich 32ig werde, etwas mit sich bringen wird. Dem war so, ich habe einen Weg gewählt, den ich weder bereue noch glücklich darüber bin. Ich habe wieder eine wichtige Lektion im Leben gelernt. Wäre ich nicht nach Murten gegangen, wäre ich nun nicht in Bern, wenn ich nicht in Bern wäre, dann hätte ich am Freitag kein Doppel gehabt, kein Doppel – keine Annina... Alles hat seinen Grund, alles im Leben hat einen Sinn – einfach die Deutung ist nicht jedermanns sache... Es ist wie das „Ursache – Wirkung" Prinzip...
Und da wären wir schon bei einem Auszug aus einem bekannten Film „Matrix Reloaded" – Der Nerowinger spricht von Grausalität und vom Ursache-Wirkung Prinzip und irgendwie hat er nicht unrecht. Gewisse Zitate aus dem Film sind bemerkenswert. Auch die Dialoge im Film American Beauty – Lester Burnham ist in gewisser Weise ein stiller Held für mich. Auch Edward Bloom in Big Fish – bemerkenswert – Forrest Gump, Woody Allen, Johnny Depp in Finding Neverland.
So arg und schlecht kann dieser Morgen nicht sein, natürlich ist er es nicht. Wenn ich zum Fenster des Zuges hinausblicke, sehe ich nur Nebel, die Landschaft ist Nebelverhangen, von der Stadt Bern ist nicht viel zu sehen. Es macht es noch mystischer – geheimnissvoll wie deren Bewohner – oder zumindest jemand davon...
Ich kann es mir nicht erklären, aber dieser Mensch hat es mir angetan und ich komme nicht davon los...
Mal schauen was uns der Tag so bringt...

In der Tat...

In der Tat – es scheint alles ausserordentlich „schräg" zu sein auf dieser Welt... Wie soll ich sagen, ich war wie 2 Monate „weg" vom Fenster der Welt – der realen Welt – und jetzt, wieder zurück in der „Wirklichkeit" schaue ich umher und belustige mich der Welt. Ich stelle mir die weltbewegenste Frage: Warum? Aber nicht mit Trauer oder Melancholie – eher mit Ironie und Belustigung. Menschen wollen etwas – sie wollen etwas in dem Moment wo alles rosarot scheint und nicht der Realität entspricht – es klappt nicht – dann, zurück in der Realität, passiert es... Ist es reiner Zufall oder ist es die Ironie des Schicksals? War der Wunsch sooooo gross, das er nicht zum zuge kam, als man darauf beharrte? Und dann, wenn der Wunsch nicht mehr da ist weil es einfach nicht passt, genau dann der Wunsch in Erfüllung geht...? Oder ist es ein Spiegelbild deiner selbst – oder gar der nur der Gipfel des Eisberges... Wenn jetzt nächste Woche auskommt, das sich der Wunsch doch durchgesetzt hat, dann... ja dann... werde ich als aller erstes mal eine Runde lachen und dann, dann setzt die Wirklichkeit wieder ein und das Leben wie es einmal war, nimmt dann einen ganz anderen Weg... Ich hänge etwas in der Luft, aber was solls... Es kommt wie es kommen muss – oder kommt es doch so, das man das bekommt was man am meisten begehrt...? Verstehe einer das Leben und den Sinn. Passiert nun das in meinem Leben was mir widerfahren ist? Ausgleichende Gerechtigkeit? Oder ist es der ewige Kreislauf des Lebens, der dich das Leben lässt was du erleben musstest? Ich weiss es nicht... Wohl oder übel muss ich auf mich zukommen lassen...

A Big Fish in a Small Pond

Man stelle sich einen Tümpel vor... Einen Tümpel mit einem sehr grossen Fisch drin... Dieser Fisch war einst in einem Ozean, aber dort gefiel es ihm nicht. Heute hat dieser Fisch seelische Schmerzen, aber auch körperlich ist er angeschlagen. An diesem Tümpel ziehen immer wieder Menschen vorbei und einige von ihnen können es nicht unterlassen einen Stein hineinzuwerfen... Da es eh schon Wellen hat auf dem Tümpel, spielt es keine Rolle ob noch weitere dazukommen, doch zu beachten ist die Grösse der Steine, je grösser ein Stein so höher die Welle... Es macht sicherlich nicht einen beachtlichen Unterschied, wenn wir schon nur die Grösse des Tümpels anschauen. Aber der Schmerz des Fisches ist da und bleibt da, die Grösse macht es nur aus ob der Schmerz stärker wird oder nicht... Im Ozean würden die Wellen untergehen, sie wären ein Nichts, doch der Fisch entschied sich den Schmerz über sich ergehen zu lassen...

Kaffee...

Du stehst am Morgen auf, machst dir einen Kaffee und zündest deine Zigarette an, hockst dich an den Tisch und versuchst irgendwie wach zu werden... Kaum sind die ersten Hirnzellen „aktiviert", stellst du dir die allmorgendliche Frage; was tue ich hier? Warum bin ich? Du schlürfst an deinem Kaffee und ziehst verzweifelt an der Zigarette... Unter der Dusche überlegst du dir was du mit dem Tag anfangen sollst... Du versuchst einen Weg, ein Ziel zu erblicken... Du siehst zwar das Ziel, dort wo du hinwillst, doch der Weg, ja der Weg gestaltet sich doch schwieriger wie angenommen... Es gab einen Tag in diesem Jahr, der brachte eine Veränderung, eine Veränderung die meine Zukunft, mein Leben wieder einmal mehr beeinträchtigt hat... Ich war mir sicher, und doch war ich mir unsicher, ich war mir sicher wie die Geschichte ausgehen würde und unsicher das es für ewig hält... Ich behielt recht...

Ein Leben – eine wahre Liebe...

Eine gute Kollegin von mir schrieb einst ein paar Sätze zum Thema „Liebe"...
Der Originalauszug:
Liebe- was bedeutet dies?
Was ist Liebe? Gib es die grosse Liebe wirklich nur einmal?
Wie traurig und hoffnungslos ist dieser Gedanke!?
Was wäre wenn man dieser grossen Liebe begegnet und die Beziehung scheitert?
Wie sieht dann die Zukunft aus?
Die Hoffnung auf Familie (die ja dem Krebs bekanntlich sehr wichtig ist) wäre doch somit gestorben?
Wofür lebt man dann noch?
Ich habe diese Sätze immer und immer wieder gelesen – dann schrieb sie noch etwas anderes:
"Mach nie jemand verantwortlich für dein Glück!"
Aber mal zuerst zu diesen Sätzen der Liebe betreffs...
Diese Kollegin hat anscheinend zur Zeit nicht gerade viel „Liebes-Mut" – die grosse Liebe kann es nur einmal geben... Man begegnet der grossen wahren Liebe nur einmal im Leben, entweder man erkennt es oder man ist „blind" und sieht nicht was wirklich wichtig ist... Oder man will es ganz einfach nicht sehen... Es bedarf einer manchmal sehr langen Zeit bis man diesem Menschen begegnet, es bedarf manchmal sogar gewissen „Hilfsmittel" – wie das Internet... Für jeden von uns ist ein „Gegenüber" bestimmt – aber da die Welt nun mal so gross ist, sucht man oft an den falschen Orten und ab und zu muss man eingestehen, das die Liebe nicht immer gleich um die Ecke wohnt – entweder in einem anderen Ort, einem anderen Kanton, einem anderen Land oder gar einem anderen Kontinent. Ich hatte das Glück das es lediglich ein anderer Kanton war – aber dennoch, dorthin wäre ich einfach so nie gekommen... Aber der Ursprung war im Internet zu finden und wiederum trage ich die ganze und volle Verantwortung dafür. Ich habe innerhalb ein paar Tage mein ganzes Ego umgekrempelt und am Montag nach 17.00 war das Produkt, das neue Produkt Tom fertig und genau eine Stunde später geschah es schon – was eine totale Veränderung an der Psyche, dem Geist und der Kleider ausmachen kann...
Aber zurück zu der Aussage.
Die Frage, was wäre wenn man der grossen Liebe begegnet und die Beziehung dann scheitert, ist ganz einfach zu beantworten – dann ist es nicht die grosse Liebe – denn die wirklich wahre grosse Liebe hält ewig und dies ist ein Band das unzerstörbar ist... Wirkliche Liebe ist stärker als der Tod... Vielleicht gelangt der, der die wahre Liebe des Lebens zur Seite hat, zur unsterblichkeit. Shakespeare (ich weiss, immer wieder das paradebeispiel) gelang zur Unsterblichkeit – zwar nur in seinen Büchern – dort entdeckte er die wahre liebe...
Wenn die Beziehung scheitert, war es nicht diese Liebe, man trauert und denkt, etwas besseres findet man nicht – stimmt aber nicht – man kann was „besseres" finden – eben – die einzig wahre liebe... Aber einigen ist es in diesem Leben leider nicht gegönnt zu finden... Einige haben in ihrem Leben eine andere Aufgabe, die haben in einem anderen Leben ihre Liebe gefunden und müssen nun in diesem Leben etwas anderes „erledigen"... Aber dennoch ist die Liebe immer ein wichtiger Punkt in jedem einzelnen Leben. Ohne Liebe kann man nicht leben. Und wenn es Menschen gibt die sagen: meine Liebe ist Gott, Buddha oder Allah... Dafür habe ich Verständnis, denn auch diese Menschen glauben an Liebe, anders als wir jetzt, aber der Glaube an die Liebe zählt... Und dafür Leben wir – um am Ende unseres Lebens zu sagen: Es hat sich gelohnt...

Natürlich und leider gibt es immer wieder welche, die am Ende ihres Weges traurig zurückblicken und wissen, das das nicht das war was sie eigentlich wollten. Warum haben sie den diesen Weg gewählt? Taten sie es für jemand anders oder war es der einzige Weg? Der einzige Weg wohl kaum, aber es war die Entscheidung die getroffen wurde.

Ich habe auch Entscheidungen getroffen, die ich heute auf eine gewisse Weise bereue – aber diese Entscheidungen formten mich zu dem was ich heute bin – und darauf bin ich wiederum stolz – all diese Entscheidungen in meinem Leben, verhalfen mir zu dem Glück welches ich heute habe. Ohne diese Entscheidungen hätte ich meine Liebe des Lebens niemals gefunden. In meinem Leben musste es ja Höhen und Tiefen geben – ich musste bis ganz nach unten um zu verstehen und um zu begreifen...

Zu der Aussage: Mach niemanden für dein Glück verantwortlich.

Ich zermalme mir meinen Kopf und die Gedanken darüber. Wie soll ich das verstehen, wie soll ich diese Aussage auffassen?

Mir ist bei weitem bewusst, das niemand für mein Glück verantwortlich sein kann. Ich bin für mein Glück selbst verantwortlich. Aber diese Aussage muss einen anderen Hintergrund haben. Beziehen wir es auf die Beziehungen – die Liebe – in unserem Leben. Aber doch selbst da, ist man stets selbst für sein Glück verantwortlich... Gibt es tatsächlich Menschen, die ihr Glück anderen in die Schuhe schieben...? Ich tat es jedenfalls nie...

In einer Beziehung trat einmal eine Frage auf: Bist du unglücklich?
Die   Antwort   war: Ja.
Darauf folgte was folgen musste: Bist du wegen mir unglücklich?
„Ja" dachte ich zuerst – aber bei genauerer Überlegung: Nein, bin ich nicht, es liegt an   mir...
Einige mögen nun denken, aber du warst doch wegen ihr unglücklich? Mein Glück kann nur ich steuern – in einer Beziehung kann der Partner lediglich dazu verhelfen das man glücklich ist, aber „sein" das muss man selbst – der Partner kann dich jetzt überraschen, mit etwas was deinen Partner freut und dich damit glücklich machen will... Aber wenn es dir nicht gefällt und die Gefühle nicht mehr die sind wie sie einst waren – wenn sie überhaupt jemals das waren – dann kann auch der Partner für dein Glück keinen Einfluss mehr nehmen... Somit kannst du niemanden für dein Glück verantwortlich machen – Und wie sieht es mit „Unglücklich" aus? Auch da können Menschen nur „beitragen" das du unglücklich bist, aber verantworten musst du es selbst...

Ich verstehe es nicht ganz was die Aussage mit sich bringen soll... Nur ein „Naiver" Mensche würde so eine Aussage „gebrauchen"...

Ich kann die Aussage drehen und wenden wie ich will – sie hat nun mal keinen Sinn... Es gibt Menschen, denen man diese mal sagen muss, damit sie begreifen... Aber mir so eine Aussage schreiben – Nein, das geht nicht... Ich bin nicht auf den Kopf gefallen – Ich war schon immer selbst verantwortlich für mein Glück oder eben Unglück... Ich habe auch keine Probleme damit – Natürlich kam es vor das in einer Diskussion die falsche Wortwahl getroffen wurde und ich mein „Unglück" anderen in die Schuhe schob – aber den Irrtum sogleich wieder berichtigte... Aber selbst in dem Moment, wo man die Verantwortung für sein „Unglück" selbst übernimmt – ist das Gegenüber dementsprechend sauer, warum? Dann kommt; Ja bemitleide dich selbst...

Es hat rein gar nichts mit Mitleid zu tun – ich stehe zu meinen Fehlern und zu meiner Verantwortung...

Oftmals sind „philosophische" Aussagen lediglich ein Zweck oder eine „billige" Entschuldigung um nicht zu seiner Schuld stehen zu müssen – eben „anderen" die Schuld zuweisen...

Somit verstehe ich nun auch die erste Aussage wegen der Liebe...

Wenn du ein Mensch bist, der noch nicht gemerkt hat, das er für sein Glück in der Liebe selbstverantwortlich ist, wird die wahre Liebe des Lebens garantiert nicht finden... Und wenn du dazu ein Perfektionist bist, dann schon gar nicht... Du kannst nicht das haben was du willst – denn das was du willst ist nicht das was du wirklich begehrst – weil das wo du wirklich begehrst ist nicht das was du willst... Und um das eines Tages zu begreifen, bedarf es einer grossen Lehre im Leben – entweder du bist bereit diesen Schritt zu tun oder du wirst dich dein Leben lang fragen: Warum?

Und dann, bist du der Mensch, der am Ende seines Weges traurig auf deinen gegangenen Weg zurückblickst... Die Frage; Warum? Wird in diesem Moment nicht mehr gestellt – weil die Antwort nun mehr als Klar scheint...

Am Ende deines Weges wirst du es verstehen...

Und wenn du dich dann zu den anderen gesellst, die schon da sind, dann merkst du wer für sein Glück gearbeitet hat...

Viele begreifen erst, wenn es zu spät dafür ist.

Ich habe begriffen, habe mein Glück selbst in die Hände genommen und heute, heute kann ich sagen; Ja, ich bin Glücklich, ich habe die wahre Liebe meines Lebens gefunden in dem ich mein Glück selbst verwantworte...

Prolog?

Eine Geschichte beginnt mit einem Vorwort oder einer Einführung, es werden Charakteren vorgestellt, in ihrem tun und handeln, man lernt die Protagonisten wie die Antagonisten kennen, die Antagonisten doch eher später oder sie werden erst später preis gegeben.   Nach einer Einführung gelangt man zu einem ersten Wendepunkt oder besser – ein ausschlaggebender Punkt der die Geschichte vorantreibt. Es passiert etwas. Auf dieser Grundlage wird dann aufgebaut, was passiert weiter – wohin führt es. Ein weiterer Wendepunkt der der Geschichte einen neuen Verlauf gibt und das Ende noch offen bleibt obschon man das Gefühl hat man wisse wie es ausgehen wird. Nach weiterer zeit erfolgt nochmals ein Wendepunkt, entweder er führt zu gutem oder zu schlechtem, schlecht heisst nicht das es dem Antagonisten dann besser ginge. Und schlussendlich dann noch die Auflösung und der Ausgang der Geschichte.
Erzähle deine Geschichte geradewegs von A – Z – verliere aber nie die Details aus den Augen und binde sie mit ein.

Willkommen in meiner Hölle...

Am Tag deiner Geburt beginnt der Rest deines Lebens...
Diese Ansicht ist nichts weiteres als eine leidige Tatsache. Jedoch ist diese Tatsache am Tag deiner Geburt dir bei weitem noch lange nicht bekannt. Selbst heute spotten viele Leute über diese Aussage, im einen weil es ihnen nicht bewusst ist oder weil sie im Strom des Lebens mitschwimmen, im anderen weil sie es wissen und es nicht wahrhaben wollen. Sie sträuben sich dagegen... Schon bei der Geburt stehst du an einer Wegkreuzung und ohne das du dich entscheiden kannst wirst du auf einen Weg gesetzt und den hast du zu gehen, ob du willst oder nicht. Natürlich kommen immer wieder Wegkreuzungen während deines ganzen Lebens an denen dann du dich entscheiden kannst. Aber ein gewisser Weg wurde dir schon vorgegeben. Selbst in der Bibel steht schon geschrieben; „Die Wege des Herrns sind unergründlich..." Obschon ich nicht an die Geschichte der Bibel an sich glaube, hat es in diesem Buch ziemlich treffende Aussagen. Den der Weg des Lebens ist sprichwörtlich „unergründlich", du weißt nie was dich auf deinem Weg erwartet. Du bekommst bei deiner Geburt auch keine Karte mit auf den Weg. Du hast selbst zu entscheiden. Doch ein Mensch, der sich vor Entscheidungen drückt, der hat es wiederum sehr schwierig. Soll ich diesen Weg oder doch den anderen, welcher Weg bringt mir mehr und welcher bringt es nicht. Doch du kannst nicht wissen, welcher Weg dir mehr bringt oder nicht. Dies merkst du erst dann wenn es bereits zu spät ist und zurück zur Verzweigung kannst du nicht mehr. Denn die Entscheidung selbst ist vergänglich, doch die Konsequenz streckt sich auf dein ganzes zukünftiges Leben aus. Es wäre uns zu einfach gemacht worden könnten wir Entscheidungen rückgängig machen. So ist das Leben, für dein Tun und Handeln hast du selbst die Konsequenz zu tragen. Wenn du dich auf der Wegkreuzung nicht entscheiden kannst, eröffnet dir das Leben ein dritter Weg, jedoch denn kannst du dir nicht aussuchen, er wird dir gegeben, er wird dir vorgegeben und in allen Fällen ist es nicht der Weg den du gerne gegangen wärst, aber du nimmst ihn, weil, du musstest dich ja nicht entscheiden, somit „duldest" du diesen Weg und machst aus diesem das beste. Was auch immer das sein mag... Das Leben treibt dich durchs Leben, du duldest und akzeptierst und eines Tages bist du am Ziel. Doch du bist ein verbitterter alter Mann, griesgrämig und böse. Am Sterbebett fragst du dich nur noch „Warum?" – „Warum das ganze Theater, der ganze Aufstand und Lärm um nichts?" Du liegst da und du hattest in deinem Leben was du wolltest, aber das was du wirklich wolltest hast du nicht... Es gibt nun Menschen, die sagen, doch du hattest, aber liessest gehen. Das Kontra, ich hatte nie was ich wollte, den das was ich wollte gab es nicht... Nur die Illusion in meinem Kopf, da gab es das was ich wirklich wollte. Ich verachte Shakespeare und doch ist er ein Held. Er schrieb über die Wahre Liebe im Leben und selbst fand er sie doch nicht. Er glaubte daran, hoffte, schrieb und wartete... Sie kam nicht... Er hatte auch was er wollte, doch was er wirklich wollte hatte er doch nicht. Shakespeare, er schrieb, er schrieb die ganze Zeit und beobachtete Menschen, doch sich selbst vergas er dabei... Vielleicht war er seiner Liebe des Lebens begegnet, doch vor lauter schreiben und denken, bemerkte er es nicht. Das war sein Schicksal, er wurde ein berühmter Mann und doch hatte er nicht das was er wollte... Mir wird es nicht anders ergehen und so wie ich hier schreibe, ist es mir egal – und doch stört es mich. Ich kann mich nicht entscheiden... Ich schreite durchs Leben und frage mich was ich will, was ich nicht will, warum und wieso, was bin ich und was tue ich... Und jedes Mal wenn ich mich umdrehe und auf mein Leben zurückblicke, sehe ich oftmals verärgerte Gesichter, enttäuschte Gesichter, leblose und tote Gesichter. Und dann frage ich mich warum? Was ist diesen Menschen denn

geschehen und warum sind die auf meinem Lebensweg? Weil ich die Schuld daran trage. Ich habe diesen Menschen den glauben und die Hoffnung genommen, ich habe verletzt und enttäuscht – ich bin über Leichen gegangen, habe nicht geschaut durch welches wohl gepflegte Blumenbeet ich rücksichtslos trample... Es ist ja nur ein Blumenbeet, kann man ja wieder herrichten – das mag schon stimmen, eine Seele lässt sich jedoch nicht wieder so einfach „herrichten"... Bei diesem Gedanken putze ich den Dreck von meinen Schuhen, den ich beim „zertrampeln" verursacht habe. Es geht lediglich um mich...

Ich rege mich oftmals über egoistische ichbezogene Menschen auf und verwende oftmals einen Spruch gegenüber Menschen die mich eigentlich mögen; Interessierst du dich auch mal für etwas anderes als für das wo du dich interessierst?

Und dabei könnte ich mich dies selbst fragen und würde mit trockener kalter Stimme mit „Nein" antworten. Denn als ich mich für das interessiert habe, für das sich andere interessierten, war es mir eine Lehre... Ein Rachefeldzug? Vielleicht? Nein, sogar; Ja!

Na und? Was interessieren mich was andere wollen? Nein und Ja! Es interessiert mich nur wenn es auf gegenseitigkeit beruht. Sonst interessierts ja auch niemanden was ich will. Es heisst immer, wenn du jemanden was gutes tust, kommt es in irgendeiner Form zurück... Hmmm... Entweder war ich blind, taub und stumm, oder ich stellte zu hohe Erwartungen... Denn von all dem was ich gutes tat, kam nichts dergleichen zurück... Ich sprechen hier nicht von einem Job, viel Geld oder Gegenständen, ich spreche hier von Menschlichkeit... Ist dies eine zu hohe Erwartung gewesen? Oder habe ich eine zu komplexe Vorstellung von all dem? Ich weiss es nicht und werde es wohl auch nie so wissen wie ich gerne möchte... Das Leben an sich hat keinen Sinn, es hat nur den Sinn den wir ihm geben... Aber was ist wenn wir unserem Leben eine Illusion geben? Wir nicht mehr von Realität und Illusion unterscheiden können? Anstatt wir Treppen höher steigen, merken wir gar nicht das wir stattdessen runtersteigen... Der Tag wird immer mehr zur Nacht und trotzdem tragen wir eine Sonnenbrille, das Grelle licht der Sonne blendet zu sehr, dabei ist es das Licht der eigenen Arroganz... Wir sehen was wir sehen wollen, wir hören was wir hören wollen und wir sagen was wir sagen wollen... Alles gesagte im Leben hat einen Sinn, auch wenn wir dem nicht grosse Beachtung schenken, aber doch ist es so... Für alles gesagte müssen wir früher oder später die Konsequenz tragen... Einige von uns nehmen es mit Fassung, andere lernen daraus und andere schlucken es, in der Hoffnung das es sich von alleine verdaut und man es eines Tages wieder aus sich rausscheisst und man es los ist... Doch es hakt sich in dir fest, für den Rest deines Lebens... Du wirst es nicht mehr los... Deine inneren Schuldgefühle fressen dich mehr und mehr auf, du erkrankst und verreckst eines Tages... Ist es das Wert? Ist es das andere Wert? Entscheidung? Nein danke, ich nehme was kommt und mache aus dieser Situation das beste... Ich bin Verrückt? Vielleicht, vielleicht aber hat man mich einfach verrückt gemacht, indem das man mich bei der Geburt auf den Weg gesetzt hat auf den man mich setzte... Ich bin stolz das ich bin, doch oftmals schäme ich mich was ich bin und doch stehe ich dazu und wiederum gebe ich eine Illusion ab, die man, leider halt, wahr nimmt... Wenn man mir hinterhersagt, das ich Profit aus dem Leid des anderen Schlage, dann stimmt dies in einem gewissen Sinne nicht und doch, erscheint es anders... Jeder ist wie er ist – jeder ist wie er gemacht wurde... Gewisse Chrakaterzüge wurden dir schon in die Wiege gelegt, andere hast du dir abgeschaut und am Schluss bist du das Produkt deiner Selbst... Aber auf unserer Erde, wo sich mehr als 8 Milliarden Menschen tummeln, erscheint es als Trivial und doch als das wichtigste... Jeder Mensch ist für sich und sein Glück selbst verantwortlich, wer nichts wagt, der nichts gewinnt, wer

nichts tut, der nichts erreicht... Wirkliche Macht wird einem nicht gegeben – man muss sie sich nehmen! Wer nichts nimmt, soll sich nicht über den beklagen der genommen hat – selbst schuld. Soll ein jeder für sich selbst schauen... Diese Zeit ist vorbei – wir stehen alle vor einer derben Veränderung im Leben. Es kommt der Tag an dem die Sonne ein letztes mal aufgeht... Darauf folgt ein immerwährender Sturm...
Jeder Anfang hat ein Ende... Wir wir – so auch unsere Erde...
Soll ein jeder noch für sich uns sein wohlergehen schauen... Und wenn in unserem Leben noch kein Ende kommt, man hat trotzdem gelebt als wäre jeder Tag der letzte...

Samstag, 10. November 2007 / Tom Krisper

Des Lebens müde...

Ein alter Mann, irgendwo auf dieser Welt, auf einer Parkbank... Es ist Herbst, die Bäume verlieren ihre letzten Blätter... Die Farbenpracht verblasst, alles wird grau... Der alte Mann liest in einem Buch, ab und zu schaut er den Spatzen zu wie sie sich unweit von seinen Füssen etwas Essbares suchen... Menschen gehen an ihm vorbei, ein kurzes „Guten Tag" und wieder vorbei... Ein kleiner Spatz fliegt zwischen seine Füsse und trinkt das Wasser, genauer gesagt, die Tränenlache des alten Mannes...
„Warum weinst du?" hört er eine Stimme.
Der alte Mann blickt zwischen seine Füsse, sieht den kleinen Spatz, einen Schatten und der Spatz fliegt davon... Vor dem alten Mann steht ein kleines Mädchen, ein karierter Rock, weisse Strümpfe, rote kleine Lackschühchen, einen roten Mantel, weissem Schal und eine rote Mütze, darunter Locken wie von einem Engel und einem unschuldigen Blick.
„Was ist mit dir los Grossvater?" fragt das Mädchen weiter.
Der alte Mann wischt sich die Tränen aus den Augen.
„Ich weine nicht," entgegnet er, „ich gebe den kleine Spatzen zu trinken..."
Das kleine Mädchen schaut ihn etwas wunderlich an...
Er steht auf, packt sein Buch zusammen und nimmt seine kleine Nichte an der Hand...
„Gehen wir nach Hause... Deine Mutter wartet bestimmt schon auf uns..."
Die beiden gehen davon, es wird langsam Abend, die Sonne schwindet hinter den Bergen und ein kühler Nebel zieht langsam auf.

Es ist das Leben an sich das einen Müde macht, nicht die Zeit, nicht das Alter – Nein – das Leben, das Erlebte und das was man alles gesehen hat. Die Eindrücke die man alle verarbeiten musste, die Gefühle, die Schmerzen auf der Seele, die Narben die blieben, die Gedanken, die Worte und Handlungen... Im laufe der Zeit kommt viel zusammen, viel muss man neu lernen oder dazu lernen. Nie hast du ausgelernt, selbst im Moment wenn du stirbst lernst du etwas dazu...

Der alte Mann auf der Parkbank weinte nicht wegen seiner Zeit die nun vorüber war, er weinte weil er des Lebens Müde war, weil er das was er alles erlebt hatte, „überlebt" hatte... Er war dankbar für jeden einzelnen Moment in seinem Leben, doch hasste er auch auf eine gewisse Weise diese Momente. Er durfte das „Schicksal" wortwörtlich spüren, er lernte aus seinem Leben, doch je tiefer eine Wunde, umso länger bleibt eine Narbe und diese „Narbe" war das was er auf eine Art hasste, doch war er stolz darauf, denn es war NUR eine Narbe. Er trug zwar einige davon, doch war ER noch da...

Andere sind an ihren eigenen Narben gestorben und darüber kann der alte Mann zwar lachen, dennoch tut es weh...

Donnerstag, 27. September 2007 / 22.33h

„...und noch einmal Mars und zurück..."

Die Frage nach dem Warum...

Ein jeder Tag beginnt mit einem Morgen – ein jeder Tag endet mit dem Abend und der Nacht... Ein jedes Leben beginnt mit der Geburt und endet mit dem Tod...
Ein immer wiederkehrendes Muster – ein Muster in welches wir uns einzugliedern haben, ob wir wollen oder nicht – wir müssen, weil wir nicht anders können... Auf dieses Muster können wir keinen Einfluss nehmen, obschon Wissenschaftler drauf und dran sind eines der beiden Muster zu brechen... Man sucht nach einer Möglichkeit das Sterben zu umgehen – auf der Suche nach dem ewigen Leben... Doch haben wir das nicht bereits gefunden, aber scheinen es nicht zu merken? Könnten wir nicht schon ewig leben wenn wir wollten? Ist es tatsächlich in der Natur des Menschen zu sterben? Jeder den ich fragen würde, würde diese Frage ohne zu überlegen und ohne zu zögern, vor allem ohne zu überlegen, mit „Ja" beantworten. Warum? Weil wir es nicht anders kennen. Aber angenommen der Mensch hätte die Fähigkeit ewig, oder besser, länger als bisher zu leben... Wie würde unsere Zukunft ausschauen. Wo wären wir heute, wenn Cäsar, Constantin, Einstein, ja sogar Hitler noch leben würden? Sterben muss jeder – die einzig wahre Gerechtigkeit auf Erden. Jedem geht es genau gleich, ein Reicher wie ein Armer, sterben müssen beide... Ist das nicht irgendwie Ironie des Schicksals? Auf eine gewisse Weise stimme ich dem zu, auf einer anderen Weise, nicht! Wir könnten wenn wir wollten, doch wollen will keiner... Und wenn einer will, dann wird ihm dieser Wille genommen und wird umgebracht. Klingt jetzt theatralisch, ist aber eine Tatsache... Der eine wird auf der Strasse überfahren, ein anderer erkrankt und stirbt, ein anderer ist des Lebens Müde und er fault innerlich ab... Letzteres trifft auf die Mehrheit der Menschheit zu. So viele Einflüsse, so viele Anspannungen, Aufregungen, Kraft, körperlich wie psychisch, all dies trägt zu unserem altern bei... Die Umwelt sowie die Gesellschaft, all dies „bringt" uns in einem gewissen Sinne um... Das alltägliche sorgt dafür das wir nicht ewig leben, daher ist es eine faire Gerechtigkeit... Den einen früher – den anderen später... Menschen die viel Aufregung und Anstrengung in ihrem Leben haben, altern auf eine Art schneller, vielleicht nicht im äusseren Erscheinungsbild, innerlich jedoch umso mehr... Bei einem Schicksalsschlag zum Beispiel, vom einen Tag auf den anderen hat man graue Haare, die Kraft die man aufwenden musste, war für den Körper zu hoch und somit „outet" sich der Körper in dem „er" graue Haare wachsen lässt...
Kein Lebewesen auf unserer Erde lebt ewig, dies war so vorgesehen, doch selbst den Tod kann man austricksen behaupte ich... Wie? Das weiss ich bis jetzt noch nicht, und ob ichs jemals herausfinden werde, das weiss ich heute auch noch nicht... Versuchen wird ich es auf jeden Fall...
Du bist doch verrückt sagen die einen jetzt zu mir, andere lächeln nur und denken sich, du Spinner... Ja, ein „Spinner" war ich schon immer und werde immer einer bleiben... Ich denke gerne über Dinge nach und bringe sie auf Papier, was andere nie tun würden... Man könnte ja nicht in das Gesellschaftliche Schema passen... Wer hat eigentlich festgelegt wie das Gesellschaftliche Schema aussehen soll, soll doch jeder so sein und wirken wie es ihm gut tut... Weshalb sich für die halbe Welt verstellen wenn man dadurch eh nichts bekommt...
Ein bisschen Spinner, ein bisschen Freak und ein bisschen „Anormal" tut einem jeden gut, den in jedem lauert das verrückte... Doch ein Banker würde niemals aus sich ausbrechen, lieber geht er klanheimlich ins Puff, bezahlt für falschen Sex und betrügt seine Frau zuhause, die auf die Kinder schauen muss... Und das nennen wir Gesellschaftliches Schema? Niemand sagt zu dem eben geschriebenen etwas, alle finden das „normal" – selbst wenn der Banker auf einer Parkbank sitzt und in seinem

Anzug einen Joint raucht, selbst das ist „normal" – warum? Er trägt einen Anzug, ist UBS oder CS Banker, hat Geld, Auto, Haus und Familie... Aber sobald einer mit Hund, sportlich gekleidet auf einer Parkbank ein Joint raucht, dann ist es asozial und es wird die Polizei gerufen, in dem Moment interessiert niemanden ob dieser mit Hund sogar mehr verdient, 2 Häuser hat, 3 Autos fährt und auch eine Familie hat...
Vielleicht ein krasses Beispiel, aber nehmen wir an, dieser mit Hund, verdient genug, hat eine Wohnung, keine Schulden, kein Strafregister-Eintrag, nichts dergleichen – aber er lebt, der wird abgestempelt... Dann hat er vielleicht noch ein Tattoo oder ein Piercing, dann ist er erst recht abgestempelt... „Es gehört sich nicht..." wird dann geschrieen, aber gehört sich ein Banker der ins Puff geht? Aber natürlich gehört sich das, sonst wäre er ja kein Banker...
An dieser Dummheit und Blödheit wird die Gesellschaft zugrunde gehen...
„Bünzli-Schwiizer" dieser Ausdruck ist heute noch mehr als existent, man muss es gegen aussenhin sein, wenn nicht, wird man abgestempelt... In der öffentlichkeit verbergen sich viele Menschen hinter einer Maske, man könnte ja was weiss ich über diese denken wenn sie keine Maske aufhaben... So ein Schwachsinn... Selbst das Rauchen wollen die Politiker nun in allen öffentlichen Gebäuden verbieten – selbst aber sitzen diese Damen und Herren im Foyer des Bundeshauses in Bern und qualmen um die Wette und wer von denen hat zu Hause keine Hanfpflanze stehen? Soll mir keiner einen Bären aufbinden...
Wo soll das noch hinführen, verbietet doch gleich das Atmen auf der Strasse, es könnte ja plötzlich zu wenig Luft für andere haben – die Frage sollte dann lauten; wann wird die Luft/Atemsteuer eingeführt? Ich gebe dem ganzen noch 3-4 Jahre...
Ich bin ja nicht politisch orientiert, denn ich mag keine langen Reden mit kurzem oder gar keinem Sinn. Alle reden und reden und doch tut keiner was. Ich soll in die Politik? Reden kann ich schon, aber leider liegt es nicht in meiner Macht, das gesagte in die Tat umzusetzen, für das Bedarf es der Justiz, die das dann absegnen muss und erst nach etlichen Jahren dann in Kraft treten wird... Für was denn reden, wenn nur die Hälfte zuhört und diese Hälfte es nicht einmal versteht... Als Politiker wird man eh von noch höheren Instanzen wie die Banken oder anderen wichtigen Unternehmen bestochen das du ja nichts falsches sagst, das du sagst was andere hören wollen um die Gesellschaft zu manipulieren. Ein schlauer aber törichter Mann hat mal folgendes gesagt; Je grösser eine Lüge, desto mehr folgen ihr... Hitler behielt mit seinen Worten recht...
Aber genau nach diesem Prinzip reden unsere Politiker... Wir sind geblendet und wollen die Augen nicht mehr aufmachen um das wahre um uns herum zu sehen... Gesetze hier – Vorschriften da, da bleibt ja keine Zeit mehr um umher zu schauen, man denkt sich, lieber nicht, sonst sehe ich ja noch mehr Gesetze und Vorschriften, ich könnte mich ja „Strafbar" machen... Würden wir der Bibel glauben schenken, dann haben sich doch schon Adam und Eva im Paradies strafbar gemacht als sie die verbotenen Früchte assen... Schon Gott hat ein Gesetz aufgestellt und keiner hat sich daran gehalten... Schon komisch nicht? Die Kirche lehnt sich auf die Bibel – aber das in diesem Buch grauenhafte Taten, blutrünstige Morde und anderes zu lesen ist, das wird dann nur als Wille Gottes abgetan... Verstehe ich nicht... Nein, kann und will ich nicht verstehen... Ich will lieber verstehen was man uns Menschen mit diesem Buch sagen möchte... Jaja, Gottes Wege sind unergründlich... Dieses Buch hat einen Sinn, einen Sinn der niemand wahrhaben will, er will es nicht eingestehen das dieses Buch unsere Wahrheit ist und uns unsere Zukunft darlegt... Ich lehne mich überhaupt nicht auf die These von Dan Brown, aber in einer gewissen Hinsicht hat er nicht unrecht, einige Dinge sind der Tatsache entsprungen, andere sind nur Fiktion und Fantasie, doch der Hintergrund bleibt der Selbe... Die Kirche –

unser Glauben! Es wurde uns aufgetischt und basta! Wir haben daran zu glauben und dafür müssen wir auch noch bezahlen. Wir bezahlen für unseren Glauben – wir bezahlen dafür das wir „ordentlich" sterben dürfen… Ein Witz über den niemand sich zu lachen getraut! Ich tus; hahahaha!

Ich frage mich wo da der Sinn geblieben ist. Aber Geld ist eben ein Machtinstrument; selbst Judas hat für den Verrat an Jesus abkassiert… Aber das Judas gar kein Verräter war, interessiert heute niemand, man glaubt ja schliesslich den Erzählungen, den Geschichten aus dem Buch der Bücher… Und dieses Buch ist die Grundmauer unserer Gesetze, die Gesetze welche von den 10 Geboten stammen. Die Gesetze die nur nur Moses auf dem Berg Sinahin gelesen hatte und danach im Auftrag von Gott zerstören musste, seither liegen diese Scherben aus Staub in einer Kiste, irgendwo in der Nähe Jerusalems… Stand wirklich das auf diesen Steinplatten? Es gab zu dieser Zeit keine „Reporter" oder „Fotografen" die dies hätten Festhalten können. Es ist lediglich eine Überlieferung aus vorhergegangener Zeit… Warum zerstörte Moses die Zehn Gebote, nur weil es Gott so wollte? Und nur weil es in der Bibel steht was auf diesen Steinplatten stand, musste man sogleich daraus Gesetze machen… Was war der wirkliche Gedanke und Ursprung dessen…

Die Arche Noah, die Pyramiden von Gizeh, der Turm von Babel, David und Goliath, Romulus und Remus… Hätte Romulus Remus nicht getötet, würde dann heute Rom nicht Rom heissen, sondern Rem oder so ähnlich…

Warum war es Moses der mit Gott sprach, warum wurde Noah für die Erbauung der Arche ausgesucht, warum war es Judas der Jesus verriet, warum war es Ezekiel, der auf einem Gefährt in die Wolken getragen wurde, warum war es Weihnachten als Jesus geboren wurde und warum fängt man mit den Jahreszahlen erst bei Neujahr an zu zählen? Was steht wirklich in der echten Tora, sprich der echten Bibel, die heute niemand mehr zu lesen bekommt, was steht auf all den Pergamenten die nachträglich gefunden wurden und eigentlich zur Geschichte der Bibel gehören würden… Warum sind es die Politiker die ein Land zum Untergehen bringen? Warum sind es die mächtigen die das Leben auf der Erde bestimmen? Warum? Woher und Wieso?

Mir wird gesagt, nachdem man diese Zeilen gelesen hat, ich solle mir nicht so viele Gedanken machen, ich bekomme eh nie eine Antwort darauf… Wenn ich nicht frage, dann bekomme ich auch keine Antwort. Somit frage ich, und werde immer wieder fragen… Und wenn ich bis hin zu meinem Tode keine Antwort bekommen haben sollte, kann ich dann aber sagen, ich habe wenigsten gefragt und habe mich nicht in der Gesellschaft eingegliedert und einfach so getan als wäre nichts… Ich für mich weiss, das da draussen mehr ist als wir zu wissen scheinen… Ich will Antworten – und ich bekomme eines Tages meine Antworten…

Es wird immer gesagt; Hinterfrage nicht, es braucht anstrengung und aufwand, lasse es lieber sein du wirst eh keine Antwort bekommen. Klatsch Bum Bäng – Thema erledigt, ein weiterer der nicht mehr fragt…

Ich lasse mich aber von der Gesellschaft nicht abspeissen und werde immer derjenige sein, der alles was „zufällig" zu passieren scheint, hinterfragen wird…

Das Leben ist zu komplex und zu undurchsichtig das man es „einfach nur" leben sollte…

Ich lebe – ich atme – ich nehme mir die Freiheit und das Recht über Dinge nachzudenken worüber andere nur im heimlichen nachdenken und es nie zugeben würden…

Dienstag, 9.Oktober 2007 / 20:31h

Die Zeit - Trivial

Zeit – dieses Wort, nur ein Wort und doch so viel Bedeutung, aber eigentlich ist Zeit Trivial… Zeit vergeht, ohne zu fragen, ohne Rücksicht, ohne Reue und Bedauern… Wenn dann die Zeit vorbei ist, hätte man gerne mehr Zeit gehabt… Zeit, ein Wort aus 4 Buchstaben, ein Wort das so viel benutzt wird und sich nicht mehr ein jeder daran erinnern mag, was es eigentlich bedeutet, was es eigentlich ist, etwas was eigentlich viel ist und man dafür sollte dankbar sein das man sie hat, und doch verflucht man sie oftmals, weil man zuwenig davon hat… Man kann sie sich nicht kaufen, man kann sie sich verdienen, aber viel wichtiger ist, man kann sie sich nehmen… Jedoch nimmt man sich zuviel davon, muss man auf einer anderen Ebene seine Konsequenzen tragen, was ist viel – was ist wenig, relativ, es liegt im Auge des Betrachters… Doch jeder hat nur die Zeit die er hat, die ihm zu verfügung gestellt wird, die Zeit des Lebens, die Zeit bis man allen wieder lebewohl sagen muss die man in seiner Zeit ins Herz geschlossen hat. Oftmals scheint es einfacher, niemanden ins Herz zu schliessen, so muss man sich auch keine Gedanken machen jemals jemandem lebewohl zu sagen… Doch auch das liegt nicht in unserer Natur, und wenn es jemand tut, dann hat er Angst, Angst um seine Zeit, sie könnte ihm jemanden ja stehlen oder verschwenden und doch ist der Drang eines jeden sehr gross, seine Zeit nutzen zu können… Carpe Diem – lateinisch für; Nutze den Tag. Schon in der Antike war die Zeit ein wichtiger Punkt, doch damals schätzte man die Zeit viel mehr als das man es heute tut, damals hatte man noch Zeit, Zeit für sich und seine Bedürfnisse… Man siehe Sokrates aus dem alten Griechenland, seine Zeit nutzte er um dem Leben auf die Schliche zu kommen, er philosophierte bis hin zu seinem Tode und er war glücklich die Erkenntnis erlangt zu haben, das er nicht derjenige war der hinter das Mysterium „Leben" blicken konnte, er überliess es der heutigen Menschheit… Hätte er gewusst wie wir Menschen heute wären, hätte er gewollt das er derjenige gewesen wäre der das Leben an sich verstanden hätte… Wenn er heute leben würde, wäre er in jungen Jahren gestorben, es hätte ihm niemand mehr zugehört und er wäre an seiner Einsamkeit, in seiner Verbitterung dahin geschieden… Niemand würde heute noch von ihm reden… Vielleicht, wenn man ihm heute zugehört hätte, wäre er in eine psychiatrische Klinik eingeliefert worden, zusammen mit Nostradamus, Galileo Galilei, Kolumbus, Shakespeare und alle anderen Intelligenten Spinner aus unserer Vorzeit, selbst Jesus (wenn er auch wirklich gelebt haben sollte), alle wären in je eine Gummizelle gelandet und niemand würde über sie reden… Heute wären es einfach Irre, Verrückte mit keiner Ahnung vom Leben… Aber genau die haben unser Leben unsere Zukunft – unsere Zeit geprägt… Es ist zuviel Zeit vergangen, seither, als Menschen noch Menschen waren, Tiere noch leben durften, die Bäume und Wälder sprossen und jede Zeit wertvoll war… Als die Farben im Herbst noch jedem Auge bewusst war, als Maler, Musiker und Künstler über die Schönheit der Zeit und der Natur auf ihre Art berichteten… Heute tut man es nicht mehr, man hat es ja schon getan, etwas neues muss her, besser, schöner, teuerer… und wo bleibt die Zeit? Sie bleibt auf der Strecke und niemand ist sich die Schönheit der Zeit bewusst… Zeit ist Trivial – Zeit ist unser Leben – Zeit ist etwas was man nur einmal hat… Zeit ist das Leben! Wir brauchen die Zeit zum Leben wie den Sauerstoff um zu atmen…

Ein Intelligenter Mensch hat einmal was ganz schlaues gesagt:
„Wenn man etwas will, soll man nicht darauf warten bis das es einem geschenkt wird, die Zeit ist zu kurz dafür – man soll es sich nehmen! Denn wenn du wartest, nimmt dir ein jeder das was dir am wertvollsten ist; Deine Zeit!"

Es war ein Mensch, der selbst Träume hatte, doch sie nie verwirklichte und lieber anderen den Vortritt liess... und auf seine Zeit wartete... Er wusste das es noch mehr gab, da draussen im Leben... doch jeder wollte ein Stück davon, und anstatt anzustehen und sich ein Stück ergattern, liess er es lieber sein, den die Zeit die er hatte war ihm zu wertvoll...

Ironie? Tja... so ist das Leben wenn man leben will... Er nahm sich das was ihm wichtig schien, obwohl er etwas anderes gewollt hatte... Der Tag aber kam, wo er aufstand, in die Meute ging und sich sein Anteil nahm und sich so seine Zeit sicherte die er noch hatte... Ohne Rücksicht mehr auf andere... was ihm ein einsames Leben schlussendlich bescherte... Aber am Ende seiner Zeit hatte er das was er wollte – Zeit!

Wie gesagt; Zeit – das wichtigste und doch so Trivial...

Donnerstag, 27.September 2007 / 21.46h

„... und noch einmal Mars und zurück...“

Herbstmelancholie

Früh am Morgen – die Konfrontation mit sich selbst in dem Moment in dem man in
den Spiegel blickt…
Wehmütig richtet man sich her, jeden Tag aufs neue, versucht das aus sich
rauszuholen was man noch hat, was vom Leben noch übrig blieb…
Der Tatendrang ist gross, doch die Müdigkeit ist und bleibt Sieger, nicht jene
Müdigkeit die man hat weil man zu wenig oder gar zuviel geschlafen hat, sondern die
Müdigkeit des Lebens… Oder es ist auch die gewohnheitsmässige Trauer über sich
selbst?
Wenn was missglückt oder nicht so geschieht wie man möchte, sucht man von ganz
alleine den Fehler bei sich selbst und fällt dabei in eine tiefe Gedankenwelt und
versucht den Ursprung für die Ursache herauszufinden. Dabei stösst man auf
Gedanken die in jenen Momenten eigentlich Irrelevant wären, doch in dem Moment,
ist dieser Gedanke ein wichtiger, ja vielleicht sogar der Ausschlaggebende…
Man versucht jeden Tag aufs Neue, das Leben zu meistern, sich an den kleinen
Dingen des Lebens zu erfreuen, sei es ein Lichtstrahl, sei es ein Ton, sei es ein
kleiner Schmetterling oder gar nur einfach ein Wurm… Diese „Erfreuung" des Lebens
wird einem aber immer wieder schnell zunichte gemacht, weil für andere anderes viel
wichtiger ist – nein, scheint… Es scheint vielen Menschen wichtiger zu sein, das sie
auf andere „Wichtig" und vor allem „Richtig" wirken… Ja kein falsches Wort, ja keine
Miene verziehen, immer nur schön und brav artig lächeln, ja nichts von seinen
inneren Ängsten preisgeben, ja nicht zeigen wie man wirklich ist, es könnte ja denn
„Anderen" nicht passen… Wenn interessiert schon die „Anderen"… Man ist sich
selbst eigentlich am wichtigsten… Aber in der heutigen Gesellschaft zählt all dies
nicht mehr… Natürlich muss man sich anderen „Beweisen" was man ist und was
man kann, ansonsten kommt man nicht an sein persönliches Ziel, aber dieses
„Beweisen" ist nur eine Show, damit man bekommt was man will… Jeder „will" etwas,
und um dies zu erreichen gehen einige sogar über Leichen… Was bringt es ständig
anderen Gerecht zu werden und sich und seine Bedürfnisse dabei zu vergessen?
Man verliert seine Zuversicht, sein Ego und man wird älter und griessgrämmig… Wo
bleibt aber die eigene Lebensqualität? Für andere würden wir unser Leben geben,
doch die Frage, würde es der andere auch tun? Du gibst das letzte Hemd weil der
andere friert – und du? Was ist mit dir? Du erfrierst jämmerlich in der Kälte, den
niemand gibt dir sein letztes Hemd… Sie gehen dir sogar aus dem Weg, aus Angst
du könntest ihnen das letzte Hemd vom Körper reissen, niemand dabei beachtet dein
grinsen, das grinsen, das du hast, weil du jemandem geholfen hast… Es interessiert
niemanden ob du nun frierst weil du ein barmherziger Samariter warst… Jeder
Mensch ist egoistisch, denn man nimmt auf keinen mehr Rücksicht, im laufe der
Jahre haben die Menschen gelernt, das wer hat der jemand ist und wer nichts hat
der niemand ist, doch was der Mensch hat der nichts hat ist in manchen Fällen viel
wertvoller als der der hat…
Ich solle mir an dem eben geschriebenen ein Beispiel nehmen? Nein danke… Ich
weiss was ich habe und darauf bin ich stolz und dies kann mir niemand nehmen.
Doch was man mir alles genommen hat – das will ganz einfach zurück! Und in
diesem einen Leben das ich habe, nehme ich mir was mir zusteht – obs nun
jemanden gefällt oder nicht, wenn interessierts? Hats jemanden interessiert in
diesem Zeitpunkt wo man mir alles genommen hat? Weshalb sollte es jetzt jemanden
interessieren ob ichs mir zurücknehme? Schämen tu ich mich dafür sicherlich nicht –
Stolz siegt über Scham! Du hast ein Leben – und dieses Leben ist zu schade um es
anderen „Recht" zu machen, wer tut dir schon gutes… Natürlich sind Worte auch was

gutes, aber nehmen dir Worte dein Leid, nehmen dir Worte dein Kummer und dein Schmerz, nehmen die Worte die Last ab die du trägst…?

Bevor du mit deiner Last zusammenkrachst jemand zu dir sagt; Du tust mir leid für das was du durchgemacht hast… Und du brichst vor seinen Augen zusammen und er fragt;

Tuts weh…?

Und nachdem du bereits am Boden liegst fragt er noch zu allem übel: Kann man dir helfen…

Nein, natürlich nicht, ich liege nur aus Spass an der Freude am Boden…

Solche Momente machen Menschen härter und stärker und sie stehen wieder auf…

Oder sie liegen einfach am Boden und warten bis so ein Depp vorbeikommt und ihm auf die Beine hilft und seine Last abnimmt, kaum die Last abgenommen, rennt der andere davon, denn er ist ja jetzt von seiner Last befreit…

Ich will niemanden der meine Last trägt, ich will niemand der mir dabei hilft, denn ich bin stark genug um das alles zu tragen oder besser „ertragen", denn ich will es der Welt zeigen das ich kann und das ich will was ich will… Ich habe mich oftmals meiner Verantwortung gedrückt und habe lieber die Last anderer getragen… Der Dank den ich bekommen habe, hat sich an meinen Narben abgezeichnet… Somit trage ich meine Last bis ans Ende und dort angekommen, bin ich der wahre Sieger und habe erreicht was ich wollte, denn genau dann beginne ich zu leben…

Man solle von mir nicht erwarten das ich die Gedanken anderer Menschen lese, ich tu es auch nicht, wenn jemand was will, dann soll er sprechen oder es bleiben lassen und einfach dann nicht enttäuscht sein – ich erwarte auch nicht das man meine liest, wenn ich was will oder nicht will, dann rede ich…

Ich tu es nicht? Nur weil ich es nie getan habe, muss man auch nichts erwarten, so einfach geht das… Wenn und Wann ich will ist ganz alleine meine Entscheidung! Rücksicht?

CHF 119'000.00 – hat man da auch Rücksicht genommen? Mein Verschulden – ganz klar, doch jeder Zustand hat einen Ursprung… Warum, wieso und weshalb wird in diesem Moment übersehen… Ich bin ganz alleine Schuld das ich es soweit habe kommen lassen, sagt man mir in diesem Moment… Na eben, somit erwartet heute aber auch nichts von mir… Ich war ein gütiger und zu netter Mensch, der für andere alles getan hat… Und diese Zahl ist das Resultat…

Wenn heute jemand zu mir sagt; wenn ich könnte dann hätte ich – oder – wenn ich könnte oder die möglichkeit hätte dann würde ich… - Dies ist absurd und gelogen…

Denn; wenn man will – dann kann man…

Ich konnte auch nicht und habe es getan und genau dafür wird man dann gestraft, in dem man sagt, du hättest nicht müssen…

Wenn man will kann man…

Und schon kommt das nächste; warum hast du denn nicht?

Weil ich es verdammt noch mal vorgezogen habe anderen zu helfen und im nachhinein ist man der beschissene…

Du warst mal… heisst es dann noch dazu… Natürlich, ich gebe was ich habe und wenn ich nichts mehr habe, kann ich nichts mehr geben… Du hast doch aber auch bekommen…

Mit einem „Tut mir leid für dich" kann ich mich nicht einkleiden wenn ich mein letztes Hemd gegeben habe… „Tut mir leid das du frierst" gibt mir keine Wärme…

Wenn man mir aber ein Hemd gibt, ohne das ich danach gefragt habe, dann soll man aber bitte auch kein „Danke" im Nachhinein erwarten, denn ich habe es nicht gewünscht, sobald ich danach frage, gibt es ein Danke zurück, doch ansonsten nicht, ich habe gelernt und lerne stets dazu…

So wie auch mit den „heimlichen" Erwartungen...
Beispiel: Frau und Mann unterwegs im Auto, eine lange Fahrt, die Frau hat Hunger, sagt aber kein Wort, sonder stellt eine Frage an den Mann: „Hast du Hunger?" Der Mann erwidert mit „Nein." – Die beiden fahren an einem Restaurant vorbei – die Frau ist danach beleidigt und mürrisch – Der Mann fragt; „Was ist los?" – Die Frau; „Nichts!"
Dann ist ja gut... Natürlich ist nichts gut, die Frau „erwartete" das der Mann beim Restaurant hält... Aber hat sie es ihm gesagt? Nein! Wo liegt also dann das Problem der Frau das sie nun wütend auf ihren Mann ist... Sie ist selber Schuld – sie hat ja nicht gesagt was sie möchte, sondern hat erwartet... Genau dieses Beispiel finde ich faszinierend, wer hat wenn im Griff? Die Frau denn Mann, denn nun kann sie ihm alle möglichen Vorwürfe an den Kopf knallen und er muss sich dann auf verschiedenste Arten bei ihr Entschuldigen das der Haussegen wieder ausgeglichen ist... Ist das eine Beziehung? Nein, das ist Dominanz und der Mann der beschissene...
Wenn ein Paar verheiratet ist und die Frau Fremd geht, sie aber Kinder zusammen haben, der Mann die Scheidung will... Wer ist am Schluss der beschissenste von allen...
Dumme Frage; der Mann natürlich...
Beziehung ist ein geben und nehmen – aber gerecht ausbalanciert – und keine Erwartungssache oder wie auch immer...
Würde die Frau im Auto einfach nur sagen; Schatz ich habe Hunger, könnten wir an der nächsten Rasstätte anhalten damit ich was essen kann?
Ist das denn so schwierig?

Tja, Ironie ist das halbe Leben...

Man erwartet zuviel – somit ist die Enttäuschung auch gross... Und es werden nach Fehler gesucht und gesucht, und wer suchet der findet immer einen Vorwand...

Samstag, 20 Mai 2006

Beschreiben… Wie soll man etwas beschreiben wenn man nicht weiss wie man dem überhaupt sagen kann. Es gibt für mich keine Definition für „dieses"…
Ich nenne es Gefühl, ein visuelles Gefühl… Wenn man fühlt und dabei Bilder sieht die dieses Gefühl unterstreichen. Doch es ist kein Bild in dem Sinne, man kann es nicht aufhängen und anschauen. Es ist auch kein Ablauf von Bildern, somit kann man es auch nicht als „Film" betrachten. Gefühle sind oftmals sehr schwierig zu beschreiben, also wie beschreibe ich nun ein visuelles Gefühl. Ich kann nicht sagen, es sieht aus wie… oder es fühlt sich an wie…
Dieses Gefühl befindet sich auch nur im Kopf, aber wiederum unterstreicht es meine ganze Aura, vom kleinen Zeh bis zu den Ohren, mitten drin, habe aber keine Wallungen bin auch nicht krank. Ich sehe zu diesen Gefühlen ja etwas, es ist nicht die Vergangenheit in dem Sinne, auch nicht die Gegenwart wie sie ist, doch auch die Zukunft kann es nicht sein…
Ich beginne mit der Beschreibung mal mit dem Wut Angst, nicht jene Angst aus den Filmen im Kino, nicht die Angst in der Nacht wenn es Gewittert, auch nicht die Angst jemanden zu verlieren, mehr die Angst der Ungewissheit… Durch das Ernten der gesäten Saat, erlernt man schnell zu einer neuen Erkenntnis und versucht diese Richtig zu deuten, diese Angst meine ich… Was wird aus der nächsten Ernte, was wird da meine Saat gewesen sein, besser, schlechter oder gar keine Ernte mehr…
Die Krähen warten auf die nächste Saat um die besten Körner wieder herauszupicken… Ironie oder Schicksal… Diese Beschreibung der Angst passt am besten… Und dann ist da noch Zorn, ich meine nicht den Zorn wenn man wütend auf jemanden ist, nicht der Zorn über eine Busse, der Zorn der entsteht wenn man realisiert hat was einem die Ernte gebracht hat, der Zorn über die eigene Person, der Zorn der entsteht bevor man aus den Fehlern lernt…
Mond und Mars – Angst und Zorn
Und die Erde, also wir mitten drin um die Balance zu erhalten zwischen schwarz und weiss, zwischen Gut und Bös, zwischen Angst und Zorn müssen wir unsere innigsten Entscheidungen treffen, es gibt für jeden von uns nur einen Weg, doch welchen der es ist müssen wir selbst herausfinden… Das Leben an sich hat keinen Sinn, es hat nur den Sinn dem wir ihm geben… Also ist es uns überlassen, was, wo, wie und wann wir säen, doch die Ernte müssen wir dann auch selbst Tragen…
Ich frage mich oftmals, warum und wieso… mein Bruder ist tot, unter der Erde, im Jenseits an einem besseren Ort, warum er, nicht ich…?
Er wäre der bessere Mensch geworden, er hätte seine Familie, seinen Bauernhof und seinen Traum…
Ich jage meinen Träumen hinterher, versuche einzufangen, habe ihn, bin unachtsam oder tollpatschig und lasse ihn wieder frei und im Nachhinein bereue ich…
Der Versuch meinem Leben einen Sinn zu geben, scheitert von Tag zu Tag, nirgends eine Hand die dich vor dem Abstürzen in ein tiefes schwarzes Loch noch hält, nur die gähnende Leere des Abgrunds… Und da blickt der Abgrund in mich hinein, sieht alle kleinen Probleme die mein Hirn zerfressen, auf der permanenten Suche nach dem Warum und Wieso und nach der wahren unsterblichen Liebe…
Ich habe es gefunden, das Wort wie ich mein visuelles Gefühl am besten beschreiben könnte:
DEPRESSION…

Der Wind...

Der Wind pfeifft ums Haus, das Windrad in Nachbarsgarten dreht wie verrückt, am Horizont geht die Sonne in einem wunderbaren Abendrot unter, doch dunkle Wolken bahnen sich mit Wind den Weg hierher. Drohend wirken sie und sie verdunkeln die Landschaft, ein Schatten wie ein Schleier... Wie das grosse Maul der Dunkelheit. Selbst die Katze draussen, sucht ihren sicheren Unterschlupf. Die Menschen machen es sich Zuhause gemütlich, legen sich aufs Sofa, lesen ein Buch, schauen Fern, spielen ein Spiel oder haben sich einfach nur lieb...
Wieviele Menschen wohl heute Abend genau jetzt um diese Uhrzeit (21:14) alleine Zuhause verbringen? Wieviele alte Menschen hat es, die alleine zuhause auf ihrem Sofa aus der Kriegszeit sitzen, alte Lieder anhören und dabei das Foto ihres Liebsten in den Händen halten...? Wie viele Tränen werden wohl in diesem Moment geweint? Andere sehnen sich nach Geborgenheit, kriegen keine, sind alleine, bleiben alleine... Weshalb werden wir so geplagt? Warum wird auf unseren Gefühlen einfach rumgetrampelt als wären wir nichts? Vergleichen wir uns mit den Menschen die noch im Busch leben, Afrika, Australien, die können unsere Probleme nicht verstehen, ja sie können nicht einmal lachen darüber, sie kennen sie nicht – wir kennen dafür ihre nicht, was uns zwar mal gut tun würde... Einer oder mehrere würden vielleicht das Leben wieder mehr schätzen und ihm mehr Wert zusteuern. Es ist keine Selbstverständlichkeit das wir Sein können. Mehr dankbarkeit gegenüber der Natur, der Mutter Erde, ohne sie wären wir ein Haufen Nichts... Aber was tun wir Menschen? Wir Menschen machen die Natur Kaputt damit Wir überleben können, damit wir am Abend Warm haben wenn wir in die Wohnung kommen, damit wir Schlafen können, Autofahren können... Im Winter ist es kalt... Ohne die Natur, die Bäume, die Steine, den Sand, die Erde, würden wir frieren... Es ist Paradox, natürlich... Ich selbst bin ja auch so einer... Aber schon mal die Überlegung gemacht?

Samstag, 20. Mai 2006

Zuviel Liebe kann tödlich sein...

Zuviel Liebe kann tödlich sein, bei zuwenig Liebe geht man ein... Warum kann zuviel Liebe tödlich sein? Vielleicht weil man einfach auf der Suche ist nach der Liebe des Lebens... Seit Anbeginn unserer Geschichte und unseres Denkens, existiert sie schon – Die Legende oder die Tatsache, die wahre Liebe des Lebens... Für ein jeden von uns ist das passende Gegenstück existent... Doch auf der verzweifelten Suche gerät man oft in die Fänge von Illusionen und der Strebung nach der perfekten Liebe... Oftmals schaut man gar nicht tief genug nach ob es auch das passende Gegenstück ist. Er/Sie sieht gut aus, gut gekleidet, gepflegt, hat Auto, hat Geld, steht mit beiden Beinen auf dem Boden... etc... doch passt man zusammen oder nicht, ist es nur das Materielle und das Äussere das wichtig erscheint? Dann sprechen wieder alle von der Idealfigur, Normalfigur, Idealgrösse, Ideal Intelligenz, kann man sich mit Ihm/Ihr in der Öffentlichkeit blicken lassen? Sind es nicht die inneren Werte eines Menschen die eine Rolle spielen, die innere und wahre Schönheit eines Menschen, versteht man sich oder nicht, sicherlich ziehen sich gewisse Gegensätze an aber wiederum muss man doch erwachsene Konversationen führen, wenn man zusammen bleibt, bleibt man doch ein ganzes Leben zusammen, teilt Bett, Geschirr, Handtuch, Pulli, die Gedanken und die Gefühle miteinander...
Woher kommt es eigentlich? Dieses doofe, der/die ist schön und der/die ist hässlich...
Was ist hässlich, was ist schön? Ist es nicht einfach relativ? Liegt es nicht im Auge des Betrachters wer oder was schön und hässlich ist? Mir gefällt was mir gefällt...
Ich hatte Freunde, die haben sogar ihre Freundin fallen gelassen, nur weil eine coolere Clique gesagt hat, das er eine hässliche Freundin habe. Und um bei der Clique anzukommen hat er sie abgeschoben... Aber eigentlich liebte er sie...
Objektiv betrachtet sind wir in diesem Punkt keine Humane Wesen die die Wertschätzung der Liebe ehren und pflegen wie wir sie aus Büchern und Filmen kennen... Hier sind wir beschämende Tiere die einfach über Frischfleisch herfallen und es liegen lassen wenn es zu gebraucht oder zu alt oder einfach nicht mehr gut genug ist...
Wir Menschen gehen brutal mit unser eins um, Rücksichtslos Schamlos... Ich schäme mich für unsere Rasse... Selbst das Tier, welches vor uns Menschen auf diesem Planeten war, muss sich von uns unterdrücken lassen... Welch Scham...
Wir nehmen uns gegenseitig unseren Lebensraum weg, schlimmer als bei den Tieren in der Wildnis... und wir finden die Wildnis brutal und gefährlich, schon mal in Zürich gewesen? Paris? Berlin? New York? Mexiko City?
Wir, die Menschen, die Egoistischste Rasse in dieser Galaxie... Ich muss haben, ich muss tun, ich muss, ich muss, ich muss, Gier, Macht, Reichtum, Schönheit, Ruhm, Ehre, Stolz...
Alle wollen es... Ich will es auch... Natürlich, wer strebt nicht danach...
Ich betrachte oftmals das Leben wie ein Fluss, mal ruhig mal reissend mit hohen peitschenden Wellen, entweder man schwimmt mit der Strömung, gegen die Strömung, man versucht sich ans Ufer zu halten, man geht unter oder man lässt sich treiben...
Ich hasse Wasser, daher steige ich ans Ufer und schaue zu wie sich die Menschheit zum Affen macht... Alle wollen mit der Strömung, wollen ein Ziel, andere die lassen sich gehen und gehen unter, früher oder später... Aber schon mal die Überlegung gemacht, das wir geboren worden sind um zu sterben? Wir sind Testobjekte, wie lange halten wir durch bevor wir uns selbst zerstören...?

Der Mai...

Der Mai, der Frühling... Dieses Jahr ist wieder einmal besonders schlimm... Gefühle die durch den Kopf und den ganzen Körper gehen, Wut, Zorn, Angst, Glück und Alleine sein...
Ich ging die Strasse lang, die Felder lang, den Fluss entlang und durch die Stadt... überall sah man glückliche Pärchen... Ein Paar teilte sich ein Eis, andere spazierten eng umschlungen den Spazierweg am Fluss entlang, andere badeten ihre Füsse zusammen im Fluss, andere schauten sich einfach die wunderbare Natur gemeinsam an, sie verlieren sich in ihrer eigenen Romantik, der Mann/die Frau tut alles um seine angebetete auch ja für sich zu gewinnen, seine Interessen stellt er dabei in den Hintergrund, sehen alles durch eine Rosarote Brille und dann eines Tages kommt das Erwachen... Alles Grau und Trist, der Alltag, kein Guten Morgen mein Sonnenschein, keine zärtlichen Berührungen mehr, kein Händchenhalten mehr... Alles nur noch eine Gewohnheit, nichts mehr aussergewöhnliches mehr... Und dann treten plötzlich wieder seine/Ihre Interessen in den Vordergrund und die Trennung oder die Schein-Ehe steht vor der Tür... Dann waren es die Monate der Rosa Brille nicht wert, nur wenn diese Brille auch das Leben lang hält, dann hast du gefunden wonach du gesucht hast...
Aber erzähl das mal einem frisch verliebten Pärchen, die lachen dich aus...
Ich habe heute irgendwie bei jedem in seine Zukunft schauen können... Heute ist es noch die Liebe des Lebens, nächstes Jahr wird geheiratet, dann gibt es Kinder, ein Haus, Auto, Rechnungen, die Frau bleibt nur noch Zuhause, der Mann geht arbeiten damit er seine Familie ernähren kann, die Frau wird zur typischen Hausfrau, geht im Jogginganzug oder in Leggins ins Coop einkaufen, rasiert sich nicht mehr die Beine, bekommt einen Hängearsch und der Mann geht mit dem Trinkgeld seiner Firma ins Puff weil er das nicht mehr bekommt was er mal wollte...
Ist das nicht die Typische Schweizer-Stadt Familie? Er arbeitet vielleicht noch auf einer Bank? Verdammtes Klischee... Kein Wunder bekomme ich ein Grauen wenn ich eine Frau ansprechen will, also lasse ich es meistens sein, denn dieses Ende des Liedes will ich nie und nimmer singen... Ich versuche mein eigenes Lied zu schreiben, wo das Ende endet wie es auch angefangen hat... Dies ist auch eine Art meiner Neurotischen Angst...
Ich will nicht so enden... Kann das einer Nachvollziehen oder seit ihr alle auch schon so weit...?

Der Mensch an sich...

Der Mensch an sich weiss viel zuwenig über sich selbst, er glaubt nur an das was man ihm weitergibt, alles andere stellt er zunehmend in Frage... Ohne es selbst gesehen zu haben glaubt der Mensch nicht. Es gibt einige Ausnahmen, doch diese Ausnahmen sind nicht Menschen die wir jeden Tag auf der Arbeit oder auf der Strasse treffen. Diese Menschen werden ausgestossen, von denen die nur glauben was sie sehen... Diese Menschen bestimmen unser Leben, leider... Eigentlich sollten wir unser Bewusstsein erweitern und auch mal ans Anormale und ans unerklärliche Glauben, es befreit unser Geist und unser Wissen. Warum nicht anders sein als die anderen. Warum nicht sein wie man will? Wird man ausgestossen, fühlt man sich auch danach und das Selbstbewusstsein schwindet zunehmend... Anstatt an das was man glaubt mit Überzeugung zu vertreten, schiebt man sich selbst ins Abseits und gibt somit natürlich den anderen die Schuld. Ist doch viel einfacher anstatt an sich selbst zu arbeiten... Ich bin was ich bin... Ich denke, also bin ich... und was ich bin kann ich selbst bestimmen und brauche niemanden der mir sagt, wer oder was ich bin... Es ist jedoch immer gut, jemanden an seiner Seite zu haben, denn nicht immer das Richtige woran man glaubt oder man denkt wer man ist... Durch die Gesellschaft, wissen wir zunehmend selbst nicht wer oder was man ist, man fügt sich und ist dann plötzlich jemand der man eigentlich gar nicht ist... Aber auch bis man den richtigen an seiner Seite gefunden hat, wenn man ihn überhaupt jemals findet, steigt man oftmals zuerst in tiefe dunkle Löcher die man gar nicht wahrnimmt und watet durch den Sumpf seiner eigenen Vergangenheit, Gegenwart oder Zukunft... Man vergisst dabei wieder nach oben zu steigen oder schon nur nach oben zu schauen und man steigt immer tiefer in den Sumpf des eigenen Verderbens, man sucht nach Mitleid oder verzweifelter Hilfe, doch selten steht einer seinen „Mann“... Aber wenn man vielleicht ab und zu, oder manchmal reicht ein kurzer Blick, nach oben schauen würde, erblickt man am Ausgang ein helles Licht, einen Engel, eine Hand oder nur gute Worte... Dies wäre schon ansporn genug um wieder nach oben zu klettern und sich neuen Mut fassen. Denn manchmal, am anderen Ende, steht genau der Mensch, der dich durch den Rest deines Lebens begleiten wird und zu dir, wie hinter dir steht und dich wieder auf deinen eigenen Weg bringt, er dir es aber nicht zu leicht macht, denn die Arbeit an dir selbst, musst auch du dir selbst erarbeiten. Eine Hand heisst noch lange nicht das die Arbeit mit dem heraussteigen aus dem Loch getan ist, die wirkliche Arbeit beginnt nach dem Ausstieg... Du dachtest, das schwierigste sei jetzt hinter dir? Das schwierigste ist nun die Arbeit an dir selbst, du musst dich nun deinen Ängsten stellen und veränderungen in Kauf nehmen... Nichts wird nun sein wie es jemals war... Ich weiss wovon ich spreche, aber es ist der Wert, den ich habe am anderen Ende meine Liebe meines Lebens erblickt, dies gab mir die Kraft, den Mut, die Hoffnung und den Glauben zurück und meine Arbeit an mir selbst ist Hart, aber der Lohn dafür ist die Mühe wert. Ich habe im Frühling wieder eine Saat gesät, nach dem Säen habe ich nur noch gehofft und geglaubt, der Sommer war alles andere als einfach, mir schien, meine Saat würde nicht die Früchte tragen die ich mir erhofft hätte, ich liess meine Saat langsam verwelken, doch kurz vor der Missernte gaben mir die Engel einen Traum und meine Hoffnung auf die Ernte kam zurück und ich kämpfte um jedes einzelne gesäte Korn...
Ich habe meine Liebe meines Lebens gefunden und ich weiss und begreife heute, das Geduld und Glaube die Tugend des Lebens sind....
Ich werde im nächsten Jahr wieder säen und werde meine Saat pflegen und hegen, mit Geduld und Glaube...

Samstag, 22. April 2006

Es war einmal wäre hier die dümmste Art zu beginnen, den ich bin ja noch...
Dazu kommt das es sich nicht um ein Märchen handelt, zumindest nicht aus meiner Sicht. Soll jeder es selbst betrachten wie er möchte. Auch soll es kein Tagebuch sein, es ist eher die Erzählung der Gefühle an jenen Tagen. Die Gefühle die mein Leben bestimmen wenn nicht sogar dominieren. Daher wird es mehr eine Zeitreise quer durch mein bereits gelebtes Leben, oder soll ich sagen verlebtes? Nein, so verlebt bin ich doch auch nicht. Nun ja, wenn man die Zeit zwischen 18 und 25 betrachtet, sollte ich heute eigentlich etwas verlebt ausschauen, aber zum erstaunen vieler, sehe ich noch ziemlich „lebendig" aus. Wenn man aber genauer hinschaut, was zu meinem Glück, aber auch Pech, niemand tut, sieht man genau die Spuren meines Lebens. Sie haben sich regelrecht eingebrannt. Nur nicht jeder kann die Spuren deuten, selten lag mal einer Richtig. Auf eine Art ist das auch gut so, so kann ich mein wahres Gesicht vor der Gesellschaft wahren, aber auf der anderen Seite schmerzt es auch, den man hat niemand mit dem man über seine eigenen Probleme reden kann. Es kamen immer alle zu mir, weil ich ein guter Zuhörer war und auch kluge Ratschläge gab. Doch ich selbst versank in meinen Problemen. Meine Probleme interessierten niemanden, weil sie zu kompliziert oder zu komplex waren. Wer verstand mit 13 Jahren schon das halbe Familien und Kindsrecht des ZGBs. Ich wuchs in den 80igern auf, dazu noch im Berner Oberland, in einem kleinen idyllischen Bauerndörfchen das Touristen anlockte.
Ich hatte Probleme die schon mit meiner Geburt anfingen. Man stelle sich ende der 70igern ein Bauernmädchen, 20 Jahre alt, blondes langes Haar und hübsch vor. Dieses Mädchen ist von einem gleichaltrigen Mann schwanger geworden. Ein Unfall! Ein Uneheliches Kind? Unvorstellbar zu dieser Zeit. Also kam es wie es kommen musste, auf der Strasse zeigten die Leute mit dem Finger auf mich! Weil man mich süss und knuddelig fand? Weil ich lustig war? Nein, weil ich das personifizierte Böse in diesem Dorf darstellte... Nur wusste ich das alles damals natürlich nicht und genoss den „Ruhm" den man mir entgegen brachte. Heute lache ich darüber und frage mich, die Gesellschaft Naiv wie nur etwas, und heute? Heute ist das schon gang und gäbe. Wenn ich mich recht daran erinnere hatte ich doch das was ich damals wollte, ich war wie das Kind von einem anderen Stern...
Ich war anders als alle anderen, ich hatte schon als Kind eine komplexe Vorstellung vom Leben, der Gesellschaft, der Kunst und des Universums. Unendlichkeit ist für mich Visuell vorstellbar, daher behaupte ich, sind die Probleme meines Lebens, oder das was ich Problem nenne, zu Komplex für die Gesellschaft. Hie und da gibt es immer wieder jemand, der mich versteht, doch wer nimmt sich schon die Mühe und versucht einen anderen Menschen in einer gewissen Not zu verstehen. Nicht viele, ich weiss wovon ich sprechen, ich habs auch nicht getan, daher sehe ich keinen Grund auf die Leute loszurennen und ihnen mein Problem oder meine Gedanken zu unterbreiten – sie hören dir sowieso nicht zu, und wenn, dann nur aus eigennutz und wer will schon missbraucht werden...
Meine Mutter heiratete, ich wurde von diesem Manne adoptiert und bekam einen Halbbruder, welcher aber 8 Jahre später an Krebs starb, damals gab es noch nicht diese Heilmittel und die Krankheit war in den Bergen als Böses Omen verschrien. Auf dem Pausenplatz hänselte man mich, schaut das ist der Bruder vom Glatzkopf der vom Krebs aufgefressen wurde, und sie lachten...
Meine Mutter sprach nie darüber mit mir, ich suchte mir Freunde, erzählte ihnen meine Sorgen, aber am nächsten Tag wusste es die ganze Schule und ich wurde von neuem gehänselt...

Ich vermisse meinen Bruder noch heute, ich hatte nicht die Möglichkeit mich von ihm zu verabschieden...

Mein Stiefvater war Alkoholiker, er kam spät Nachts nach Hause, weckte mich, hielt mir einen Vortrag und schlug sogar zu... Danach verprügelte und vergewaltigte er meine Mam und ich konnte zuschauen... Ich war damals 9 Jahre alt... Ich trinke heute keinen Alkohol, ein Glas Wein, ja, aber das hat sich dann schon, zum Sex habe ich keine verklemmte Beziehung, nur habe dazu eine andere Beziehung. Sex ist was schönes und gemeinsames, nicht einseitig und nicht mit Gewalt oder das es sein Muss...

Eine Frau hat einen Wertstatus, in meinen Augen...

Mit 15 Jahren riss ich von zuhause aus, ging aufs Amt, Vormundschaftsbehörde und wollte mich von meiner Mutter entmündigen lassen, sie hatte inzwischenzeit einen neuen Freund und sich von meinem Stiefvater getrennt. Doch der neue Freund war nicht viel besser, das er nicht Trank war gut, aber Schläge austeilen konnte er trotzdem, und er war nicht mal mein Vater. Aber da das Dorf in dem ich aufgewachsen bin, glaubte mir niemand... Ich wurde zu einem Therapeuten geschickt, der nichts aussergewöhnliches feststellen konnte, ausser das meine Eltern ein Problem für mich waren, weil sie nie mit mir über Probleme gesprochen haben. Sex – das war zuhause Tabu, man sprach nicht darüber...

Ich habe Ausbildungen abgebrochen, Drogen konsummiert und und und...

In dem Beziehungen lief es nicht besser... Da ich ein Krebs bin, sensibel und sentimental und romantisch, nutzte Frau mich oftmals aus, ja ich trage die Frau die ich Liebe auf Händen, mein Leben lang, aber ich bin kein Macho der nur austeilt, ich habe auch Gefühle und möchte zärtliche Berührungen bekommen, schöne Worte, Worte die einen aufstellen und nicht zerstören...

Dies ist nur ein Teil meines Lebens...

Ich denke, also bin ich... schrieb mal eine berühmter Dichter...

Heute habe ich einen Interessanten Job, einen Hund, ein Hobby, eine 3 Zimmer Wohnung, genügend Geld... Ich lebe jetzt in dem Sinne, seit 2 Jahren war ich nicht mehr in dem Ort wo ich aufgewachsen bin... Einfach die Vergangenheit holt mich ab und dann noch ein, immer dann wenn ich Leute kennen lerne... Ich bin anders ja, aber ich habe viel zu geben, ich bin menschlich und durch das was ich erlebt habe, weiss ich auch was ich mir unter einer Beziehung vorstelle...

Lost in Between... (Verloren im dazwischen...)

Zwischen Leben und Tot – Zwischen Himmel und Hölle... Ich frage mich; Leben? Was ist das genau? Nur weil unser Herz schlägt, das Blut durch die Adern fliesst, wir sehen, hören, riechen und fühlen – heisst das noch lange nicht, dass wir leben... Tot? Nur weil jemand nicht mehr mit uns redet, nicht mehr atmet, uns nicht mehr ansieht, der Körper begraben ist, uns nicht berührt oder beschützt – heisst das noch lange nicht, dass jemand Tot ist... Wir empfinden und „sehen" es als so... Aber das wir Menschen, eigentlich bereits alle Tot sind, wissen wir nicht, die, die ihren Frieden gefunden haben, legen ihre Hülle nieder und gehen weiter... Tot sind wir bereits alle... Bei einigen dauerts länger bis sie es merken, andere merken es gar nie, oder wollen es nicht wahr haben... Die Erde, ist nicht ein Planet auf dem wir „Leben" – die Erde ist eine Station für die Hüllen aller Menschen – sie versammeln sich nochmals alle an einem Ort – auf einem Planeten um Abschied zu nehmen, los zu lassen und um zu erinnern... Zu erinnern wer und was einem im Leben wichtig war – man verbringt nochmals eine Zeit mit Menschen die einen dahin brachten wo du stehst... Alle Schmerzen, Freuden und Trauer werden nochmals erlebt – damit du abschied nehmen kannst und du die schönen Sachen im Leben nicht vergisst   -   das   du   dich   immer   daran   erinnern   wirst...
Der Tag kommt, an dem wir uns alle versammeln, an einem Ort, jeder jeden kennt, sich   an   all   die   schönen   Dinge   erinnert   und   zusammen   weiterziehen...
Egal welches Leid uns widerfahren ist, egal wie viele Schmerzen uns jemand zugefügt hat, egal warum und wieso, in jenem Moment erinnern wir uns nur an die schönen Momente und Dinge im Leben... Selbst der Mensch, der sich alleine fühlte, wird in diesem Moment nicht alleine sein und wird mit all den anderen weiterziehen... Wohin?
Findets   raus....
Einer wird immer zurückbleiben und zu jenem Ort sorge tragen, damit sich auch die nächsten   wieder   dort   treffen   und   sich   erinnern...
Ich bleib zurück und schaue das das Licht nicht erlischt – die Wärme erhalten bleibt – alleine...
Meine Bestimmung – die Ewigkeit...
Ist gern geschehen...

Ich – auf der Schattenseite des Lebens

In diesem Leben lernst du wie es ist, Leid zu erfahren ohne selbst leiden zu müssen – welcher Schmerz ist grösser – zu leiden oder Leid zu ertragen? Wähle – wähle weise – denn die Wahl bestimmt dein Leben. Du hast gewählt und nun leide... Jeglicher Schmerz der du anderen in anderen Leben zugefügt hast, wirst du nun alle in einem Leben erleiden müssen – sei es eine Qual oder eine Bereicherung für ein nächstes Leben – lerne zu leiden und du wirst verstehen was es heisst „Frei" zu sein...
Leid... was ist „Leid"? Immer mehr frage ich mich... Wenn man denkt, du hast das Leben wieder im Griff – fragt sich plötzlich, wer hat wen im Griff – das Leben dich oder du das Leben... Eher das Leben dich! Denn immer dann wenn du denkst, jetzt kommt alles gut – wirst du auf den Boden der Realität zurückgeschleudert, schlägst hart auf und fühlst den Schmerz durch den ganzen Körper fahren...
Aus Trauer wird Hass und daraus Mut und ich schätze es ist gut, denn Mut gibt dir die Kraft zu sein was du sein musst – auch wenn die Welt dich hasst!
Leben oder einfach nur Überleben... Eine rhetorisch schwierige Frage zu beantworten...
Ich weiss nicht ob ich all das noch ertragen möchte und kann... Jeder Tag zeigt sich von seiner neuen Schönheit – doch auch die Schattenseiten zeigen sich immer mehr und klarer – ein Ironischer Gedanke welcher meine Mutter zu mir sagte: „Und wenn... was hatte ich bis heute von meinem Leben? Nichts! Alles was ich geliebt habe wurde mir genommen – schau dich doch um. Du schreibst mir immer wieder wie verkorkst die Gesellschaft ist – warum sollte ich da noch teilhaben wollen – ich habe nichts mehr wo mich wirklich hält... Betrachte es als Ironie..." wo meine Mam recht hat – hat sie recht...
Ich bin vielleicht noch der einzige „Lichtblick" in ihrem kleinen erbärmlichen Leben... Doch mein Leben spielt sich im Schatten des Lebens ab. Das meine Mam zu müde ist dem ganzen noch weiter zu zuschauen ohne Helfen zu können, nehme ich ihr nicht übel. Wenn es für sie stimmt und sie gehen möchte – dann darf sie... Ich weiss, dem Ziel im übertragenen Sinn „Alleine" zu sein, rücke ich unweigerlich näher... Ich beginne mich immer mehr zu amüsieren... Mit einem lachenden und tränenden Auge... Ich lache doch der Schmerz innerlich frisst mich auf und der Schmerz wird überspielt mit einem Lächeln im Gesicht, welches die Verzierungen des Schmerzens in strahlendem Glanz erleuchten lässt... Wenn man in die Augen schauen würde und auf die Seele niederblicken würde, sähe man Tod... Ich lernte Leid zu ertragen – mein ganzes Leben lang – 35 Jahre Schmerz und Leid... Und jetzt? Ist es an der Zeit das ich leide? Ich leide bereits das ganze Leben an einem Schicksal – Leid und Schmerz ertragen müssen... Es ist nicht nur der Tod, nicht nur die Liebe, nicht nur das Leben, nicht einfach die Welt... Es ist das allgemeine Bewusstsein jedes einzelnen Menschen um mich herum welches mich zum Schluss zwingt ans aufgeben denken zu müssen... Egal was du sagst, egal was du tust, egal wo du bist, egal wie du bist – es scheint nicht wirklich jemand zu interessieren... Ich muss mich damit zufrieden geben, dass eines Tages meine Flügel wieder nachgewachsen sind und meine Zeit hier vorüber ist und ich davonfliegen werde... Aber wozu schenkte man mir dieses Leben – wenn ich doch nicht wirklich was hab davon... Alles wo man liebte wurde einem genommen – alles wo man freude daran hatte wurde kaputt gemacht – alles wo man kann wird nicht geschätzt – alles was man tut wird ignoriert und die – die das alles sehen und verstehen, begreifen und mitfühlen, denken und selbst auch in einer solchen Welt gefangen sind – sind diese dann auch gefallene

Engel auf der Suche nach ihrer Bestimmung... Aber warum das sie nicht ausbrechen wenn sie die Chance haben? Warum nicht auf Veränderungen eingehen....? Warum nicht? Es macht mich krank zu sehen wieviele Menschen bewusst leid ertragen und leiden... Ich muss leid ertragen und leiden... aber ihr alle könnt was an eurer Situation ändern – wenn ihr nur wolltet... Was ist es was euch in eurem langweiligen Leben zurückhält? Die Gewohnheit? Der Alltag? Ich verstehe es nicht...! Wie oft hörte ich; ich würde wenn ich könnt... doch ich kann nicht... Ach dreck! Ihr WOLLT NICHT! Können kann jeder... Aber es ist im Kopf des Menschen... So eine verdammte Kacke echt! Ich könnt Kotzen beim Gedanken... Menschen reden und reden, ach mir geht's so scheisse, meine Leben ist scheisse und und und... Dann ändert doch verdammt nochmal etwas!!!!!!!!!! Und hört auf euch jeden Tag selbst zu belügen... Jaja, geht gut danke... Ach so eine Scheisse! Nichts geht mehr auf dieser Welt! Reiche werden Reicher und Arme ärmer und die Kranken verrecken auf der Strecke. Man lässt sie zurück! Ich versuche jeden Tag aufs Neue meine Leben so zu gestalten wie es für mich stimmen würde, doch der Versuch scheitert von Tag zu Tag jämmerlich – warum? Die Gesellschaft mit ihrem scheiss denken. Ich versuche zu leben – doch lassen tut man mich nicht! Wozu auf dieser Kugel zu sein wenn man einfach da ist und es nicht wirklich jemand interessiert... und die, dies es interessiert... diese Menschen haben selber eine Bürde zu tragen welche sie sich nicht eingestehen können... Der Schmerz und die Trauer wird langsam grösser als die Schönheit des Lebens – immer mehr verliere ich den Bezug und ich finde es schade...

Aber nun denn... Das Leben auf der Schattenseite hat seinen Vorteil... Ich sehe was – was ihr alle nie sehen werdet...

What's your pleasure?

Was ist es was du am meisten begehrst? Was ist es? Hast du dir diese Frage schon mal gestellt? Ist es ein neues Auto? Ein Haus? Mehr Geld? Oder bloss einfach nur Glückseligkeit? Es soll keine Ironische Frage darstellen, es soll auch nicht belustigend wirken, es ist ein Frage die ich Ernst meine! Viellicht sollte ich einer niedrigeren Sprache diese Frage stellen? Belassen wir dies. Ich denke, alle die dies hier lesen haben meine erste Frage mit Bravour beantwortet, ohne sich zu fragen, was das ganze eigentlich soll. Ich weiss, es ist eine ironische Belustigung meinerseits. Doch fangen wir mit dem eigentlichen an. Anmerkung: Alles begann in einer unweigerlich dummen Minute...

KALTER KAFFEE

Tropf – Tropf – Tropf. Das Monotone Tropfen eine Filterkaffeemaschine am Morgen früh in der Küche. Einer Küche aus Chromstahl, schwarzer Steinboden, weiss-schwarze Kacheln an den Wänden und mit dem neusten Standard ausgestattet – jeder Hobbykoch würde vor Neid erblassen. Das einzig wirklich Old Schoole in der Küche ist diese schwarze Filterkaffeemaschine. Unten am Etikett steht sicher noch der Jahrgang, denke das diese Firma mittlerweile Pleite gegangen ist, denn der Filter passt nicht mehr so wirklich in die Maschine und man sieht am Rand des Filters das daran mit einer Schere rumgeschnippelt wurde. Was nicht passt wird halt passend gemacht.
Daneben liegt eine Schachtel Zigarette, Zigarettenpapier, Filter und jede menge verstreuter Tabak. Die Kaffeemaschine hat sich gerade ausgeschaltet, es scheint der Kaffee wurde vor längere Zeit zubereitet, nur niemand scheint einen Schluck getrunken zu haben. Der Blick durchs Glas des Kaffeebehälters bestätigt, man kann das dahinter nicht sehen. Alles Schwarz. Kann unvermeidlich auch an der Küche liegen. Ein abreissen eines Zigarettenpapiers ist zu hören. Es scheint doch jemand in der Küche zu sein. Man hört ein Feuerzeug, das Anzünden einer Zigarette die soeben für gewisse Zwecke selbst gebaut wurde. Die Küche wird geradewegs zugequalmt. Es riecht unweigerlich nach Gras – starkem Gras. Der Duft erinnert an die alten Hippie-Zeiten – Woodstock – wo Gras noch Gras war und das Leben lebenswerter war als das es heute sein sollte. Oder damals in den 80ern – Amsterdam – Coffeeshops, das waren noch Zeiten. Musiker waren Musiker, Bands waren der Hit, Nirvana, AC/DC, Rolling Stones, Pink Floyd – ja das waren Zeiten wo man der Kreativität freien lauf lassen konnte und es wurde als Kunst geschätzt – heute – heute ist alles Triviale Blasphemie. Das Gras macht High. Eine Kaffeetasse wird neben die Kaffeemaschine gestellt und der bereits kalte Kaffee wird eingeschenkt. Zwei Würfel Zucker und Milch dürfen nicht fehlen. Noch rühren und der bereits doch ältere Mann, mitte 60, dunkles Haar, mit einem kalten, leeren und starren Blick, Rolling Stones T-Shirt, nimmt einen kräftigen Schluck und stellt die Tasse wieder hin. Geht mit dem Joint in den Fingern aus der Küche ins Wohnzimmer gleich nebenan. Bedenke das es eine offene Küche ist – man ist sich ja einen gewissen Standard gewöhnt wenn man im Leben nur nach Reichtum und Macht gestrebt hatte. Besser gesagt, es war das einzige was ihm zugute kam, denn alles andere bekam dieser doch eigentlich verbitterte Mann nicht. Es wurde ihm alles Glück dieser Welt missgönnt. Er erreichte zwar musikalisch und literarisch eine Ebene, die ihm nicht so schnell einer nachmachen konnte. Er schrieb Werke über das Leben, die Liebe und das Leiden. Er machte melancholische Musik, die andere bewegten von der nächsten Brücke zu springen. Was ihn mehr belustigte als

betrübte. Er war alleine. Wollte alleine sein. Erreichte Ruhm und hasste dafür die Welt. Keiner verübelte es ihm, er schrieb aber genau das was alle hören wollten und doch nicht. Die Kontroverse.

 Der Mann, nennen wir ihn so wie du ihn dir vorstellst, gib du ihm einen Namen, lass deiner Fantasie freien lauf, rauch einen Joint und lies das alles nochmal und gibt ihm dann einen Namen. Natürlich darfst du das alles auch nüchtern lesen – doch ich rate dir danach nicht zu Drogen zu greifen – es hilft nichts dies alles auf die Weise zu verarbeiten.

Der Mann steht in seinem Wohnzimmer, blickt umher, sieht seine ganze Musikanlage, bestehend aus Synthesizern, Plattenspielern, Mischpulte, Computern und vielem mehr, ein Flatscreen von mehr als 2 Metern Durchmesser, Möbel im Barrockstil, das Wohnzimmer erinnert an die Barrockzeit von Mozart, dennoch ist alles im gotischen Stil angehaucht, aber man erwacht sofort wieder wenn man überall die ägyptischen Symbole erkennt – es passt nicht und doch ist diese Kontroverse ein Hinguckerwert.

Er schaut aus dem Fenster, sieht über einen See hinweg und würde das ganze mit deiner Anwesenheit in diesem Erzählten geschehen, spricht dich der Mann direkt an: „Was ist es was du am meisten begehrst? Ist es das was du hier siehst? War es schon immer das was du wolltest? Oder hat die gewohnheistmässige Trauer über das Schicksal gesiegt? – Schau dich um, Reichtum, Macht, Ruhm, Ehre – alles was du doch immer wolltest? Nicht?“

Ein Augenzwinkern des Mannes und ein ironisches Lächeln. „Sags mir – oder ist das hier alles nur noch kalter Kaffee?“

DAS ERWACHEN

Der Tag beginnt für die meisten Menschen mit dem Augenaufschlag am Morgen. Dies ist meist der erste Moment welcher vom Menschen bewusst am Morgen beim Erwachen wahrgenommen wird, danach folgt der Schmerz der eingeschlafenen Armes oder des Nacken, weil man irgendwie verkorkst im Bett lag. Manchmal auch der manifestierte Schmerz aus dem Traum wo einen ein wildes Tier angefallen hat. Dann steht man auf, man tritt mit den Füssen auf den kalten oder auch warmen Boden. Die ganze Maschinerie im Körper beginnt zu „arbeiten“. Einige gehen direkt vom Bett ins Bad um sich zu „erlösen“ oder andere gehen direkt in die Küche, Kaffeemaschine und Zigaretten.

Anmerkung: Ja es gibt auch Menschen die weder Kaffee noch Zigarette konsumieren, nur schreibe ich lediglich aus meiner Sicht, und ja ich bin notorischer Grasraucher und stehe dazu, würde ich das Zeugs nicht rauchen würde ich dieses hoch intelligente literarisch wertvolle Geschreibse nicht schreiben. Ironie bitte. Ich gehöre zu den Arten von Menschen, der die Kaffeemaschine meistens vor dem Toilettengang in Betrieb nimmt, dazu dann genüsslich irgendwelche künstlerisch Wertvolle Musik hört (Nirvana, Eisbrecher, In Extremo usw). Meine Freundin betätigt sich gerne als morgendlicher DJ und Nein, wir haben keine Konflikte was unser Musikalisches Gehör betrifft. Das ist unser morgendliches Erwachen. Irgendwelche Einwände? Nein? Gut!

Wenn dann der Mensch mal seinen Kaffee oder von mir aus auch ökologisch gut verdaubarer Orangesaft getrunken hat, seine Zigarette geraucht hat oder sein Müsli gegessen hat, begibt sicher Homosapiens dann meisten ins Bad – Betonung liegt auf „meistens“ – leider – duscht sich (normal oder französisch), kleidet sich und begibt sich ausser Haus, arbeitet von Zuhaus aus oder ist ein Arbeitsloser – wie auch immer – das Erawachen jedes Menschen gestaltet sich rein theoretisch immer gleich: Augenaufschlag und Aufstehen - der Rest ist eher Individuell gestaltbar. Aber nicht jeder Morgen ist dann schlussendlich gleich, der Ablauf meist der selbe, der Tag, die Gefühle, Emotionen, Motivation oder auch nur der Wille, ist nie der selbe. Und doch gibt es Tage, Wochen oder Monate oder gar manchmal auch länger, das sich Gefühle und Emotionen jeden Morgen beibehalten, aber das ist leider oftmals leider unwahrscheinlich, denn jeder Mensch wird mit etwas konfrontiert bei dem die Gefühle und Emotionen eine grosse Rolle spielen, somit kann man keinen gewohnten Rhythmus in die Gefühle und Emotionen einbringen. Wir sind nur Menschen und keine programmierbaren gefühlslose Roboter – obwohl, wenn ich so durch Bern bummle, fällt es mir schon immer wieder mehr auf, dass sie Gesellschaft zu ganz schrägen Robotern verkommen ist. Beängstigend und belustigend zugleich. Irgendwie.

Ich schweife gerne vom eigentlichen Thema ab, daher denke ich mir, dass sich das Lesen ziemlich amüsant gestaltet, mit der Zeit vielleicht auch noch spannend – liegt im Auge des Betrachters.

Es gab ein Morgen in meinem Leben, da erwachte ich – so wie jeden Morgen eigentlich – nur wusste ich nicht, was mir dieser Tag bringen würde. Ich war an jenem Morgen einer der Menschen, der ziemlich wutgeladen aufstand, Augenaufschlag und Aufstehen waren in dem Moment Irrelevant. Ich hatte einen Termin einzuhalten welcher mir mehr als gegen den Strich ging – ein Termin welcher die nächsten 8 Wochen anzudauern hatte. Damals habe ich diesen Morgen verflucht. Ich erwachte am Montag 17. Januar 2011 so wie immer, zwar ziemlich verärgert, aber ich wusste nicht, das ich später im Tag ein „ neues Erwachen“ erleben durfte.

IRONIE DES SCHICKSALS

Es war März 2010, der Monat gestaltete sich meines Erachtens nach recht „Angenehm“, wobei es natürlich immer noch etwas angenehmer hätte sein können. Beruflich gesehen stand ich mit beiden Beinen fest verankert in einer guten Position in einem renommierten Telekommunikationsunternehmen. Innert kurzer Zeit erarbeitete ich mir eine gute Position, wurde geschätzt und ich genoss den „Ruhm“ – dies war der Anfang eines Weges, welcher mich zu dem alten Mann macht, von dem man vorher mal kurz was gelesen hatte. Es schien, ich war ein Workaholic, schliesslich waren es nicht nur 8 Stunden welche ich im Büro war, es kamen ja noch die Stunden dazu, welche ich von Zuhause aus arbeitete – ein Arbeitstier auf dem Weg nach ganz oben. War es wirklich das was ich wollte? Es schien dem so. Denn alles andere wonach ich strebte misslang mir jeweils. Also wenn ich meiner Liebe des Lebens nicht begegnen darf, dann ist der einzige Weg der mir noch bleibt die Karriere um wenigsten „etwas“ in diesem kleinen abstrusen Leben erlebt zu haben. Das Schicksal war jedoch immer stets präsent und begleitete mich auf jedem Schritt und Tritt, so kam es mir zumindest vor. Es war wie gesagt März, 22 Jahre waren es her als ich von einem geliebten Menschen Abschied nehmen musste, zu früh war die Busfahrt des Lebens meines jüngeren Bruders vorbei. Sein Bus, seine Fahrt war irgendwie so geplant, denn wenn man in seine Augen damals schaute, sah man, das keine Angst da war, keine Fragen warum und wieso. Damals war die Krankheit die er hatte, in unserem Ort, besser Örtchen, so gross war die Gemeinde inmitten der Berner Bergen nicht, etwas worüber man nicht sprach, man dachte sogar das es „ansteckend“ sei – ja dieses Leid durfte ich in der Schule ertragen. Krebs. Als wandere ein Krabbelvieh vom einen zum anderen und legt Eier und es entstehen neue Krabbelviecher – Ja, ich weiss, klingt absolut daneben – aber so kam es mir als Kind nun mal rüber, selbst heute wenn ich daran zurück denke. Jämmerlich eigentlich – unaufgeklärte Bergmenschen – noch heute – 22 Jahre später – viel mehr Brei entstand nicht in deren ihren Köpfen – daher bevorzugte ich das Weite.

Am 15. März ist der Tag, an dem eine Kerze zu Ehren meines Bruders angezündet wird. Somit war und ist der März ein eigener Monat für sich. Meine Grossmutter erkrankte ebenso an Krebs und wie das Schicksal es so wollte, nahmen wir alle am 25. März abschied. Am Höhepunkt meiner beruflichen Karriere und am Wendepunkt für eine gesicherte und „ruhmvolle" Zukunft. Musikalisch in Sachen DJ ging es Bergauf, wobei die Stilrichtung nicht die war, welche ich bevorzugte, doch jeder fängt mal klein an. Alles schien so zu funktionieren wie ich es mir in diesen Bereichen vorgestellt hatte, jedoch hatte ich ein Gefühl, einen dumpfen Unterton in der ganzen Sache, die mich nicht allzu hoch schweben liessen. Ich war noch immer nicht an dem Punkt meines Lebens angelangt wo ich sagen konnte; ja ich bin zufrieden. Ich war zufrieden, aber dennoch fehlte etwas – und nun, mit dem Abschied meiner Grossmutter wurde das Loch immer grösser – immer mehr Menschen gingen ohne zurück zu kommen. Man begegnet jeden Tag Menschen – manche sieht man wieder und manche nie wieder. Das Schicksal schlug gnadenlos zu. Als ob ich nicht schon genug zu kämpfen hatte mit mir selbst – am 8. April 2010 um 09.00 Morgens wurde das Arbeitsverhältnis abrupt beendet. Der interne Leitfaden kollidierte mit meinem Leitfaden welcher ich gegen aussen trug, der Kunde war für mich im Mittelpunkt, so dass die Firma ihren Profit davon tragen konnte. Leider war die Betrachtungsweise – die Perspektive nicht dieselbe. Somit war alles was ich mir erarbeitet hatte, erneut weg! Die Musik war das einzige was mir noch blieb. Für mich brach eine kleine Welt zusammen – wie gern hatte ich dort gearbeitet, wie sehr mochte ich die Mitarbeiter – alle waren auf ihre Weise speziell – es gibt genügen Geschichten zu erzählen von jedem einzelnen. Das Schicksal hatte zugeschlagen und von heute auf morgen war alles weg! Puff! Ein weiterer Traum zerplatzt. Aber was man in dem Moment nicht wissen konnte – alles was geschieht hat seinen Grund – und meistens sind wir diejenigen die diesen Grund irgendwann mal abgesetzt hat – und heute tragen wir die Früchte dieser Saat. Was uns in dem Moment natürlich Paradox erscheint, aber man kann die Ursache ja noch nicht erahnen...

Ruhig...

Es ist Ruhig – kein Mensch, ausser ich, sitzt im Abteil der Ersten Klasse... Somit herrscht eine gewisse „Stille", abgesehen vom monotonen Geräusch der S-Bahn auf den Schienen. Draussen die Natur, in dieser finden sich Mensch und Tier wieder... Ich sitze in einem Zug, der „rollt" von A nach B, habe mein MacBook geöffnet und schreibe hier diese Zeilen... Wenn man mir dies vor 15 Jahren gesagt hätte, ich hätte ihn ausgelacht und dennoch gehofft es wäre so... Es ist schon Paradox was in eigentlich so kurzer Zeit „passiert" ist... Es gab eine Zeit, da war die Entwicklung auf sehr langsamen Pfaden, doch jetzt, ist alle im Eiltempo, nicht mehr übermorgen oder morgen, nein, gestern schon...

Ich finde keine Worte – gestern und vorgestern hätte ich einiges zu schreiben gehabt, mir war viel im Kopf, aber jetzt, alles wie weggeblasen, waren gute Ideen, selbst noch heute Morgen, aber irgendwie bin ich nicht so „Fit" wie auch schon, ein kleines Anzeichen von Anschiss, obwohl jetzt meine Ferien anfangen, wird sich wieder beruhigen, weiss das doch...

Die Zeit – Das Leben – diese 2 Komponenten beeinflussen unser tägliches Leben... Wir benötigen beides um vorwärts zu kommen... Lacht mich nicht aus, aber ich denke nun mal über solche Dinge nach... Es gibt einige unter Euch, kaum haben sie angefangen über solche Dinge nachzudenken, hören sie schon wieder auf, weil sie meinen sie könnten ja „Dumm" sein – aber Dumm ist nur wer Dummes tut... Nicht wahr Forrest Gump...

Die unerträgliche Leichtigkeit des Seins ist jeden Tag aufs neue eine Herausforderung. Wir streben nach Macht, Perfektionismus, Ruhm, Ehre, Annerkennung, Lob, Liebe, Reichtum und nach Glückseeligkeit... Das man nicht immer alles haben kann ist leider nicht ein jedem bewusst, was ich sehr schade finde, den hat man es einmal eingesehen, dass nicht jeder alles haben kann, merkt man doch schnell, das man mit dem wo man hat, eigentlich doch schon alles hat... Aber das brauch oftmals auch Zeit und Geduld... Wer keine Geduld hat, wird am Ende ein böses Erwachen haben, aber das was man bekanntlich selbst säät, erntet ja man dann auch... Also kann man sich selber lieb sein was man mit seinem Leben anstellt und was nicht...

Es kommt der Tag des jüngsten Gerichts und dann müssen wir uns selbst uns gegenüber verantworten und alle Schuld und Bus tun für das was wir gemacht haben in unserem ganzen Leben... Es kommt was kommen wird...

Aller Anfang...

Aller Anfang ist schwer. Sei es das Leben an sich, das Heranwachsen zu dem was man Heute ist, sei es ein neuer Job, eine Beziehung, wobei „schwer" nicht immer als Negativ zu bezeichnen ist – „schwer" kann auch ein Synonym für „Herausforderung" sein – nein, fragt nicht Google, der kennt dies nicht und wird auch an keiner Schule gelernt – was ich sagen will, es ist noch kein Meister vom Himmel gefallen... Oder doch? Themen und Dinge die ich bisher hinterfragt habe, hinterfrage ich bereits die Frage schon – irgendwie stand ich zulange auf einen Schlauch – nun denn; aller Anfang ist schwer, sei es das beginnen einer „Momentaufnahme" wie gerade jetzt – die Schwierigkeit hat sich somit erübrigt und wir befinden uns mitten im Geschehen einer Momentaufnahme eines Lebens, meines Lebens! (Punkt und Ausrufezeichen) Ja es fehlt die Ironie in dem Satz – wo bleibt: ...einer Momentaufnahme eines kleinen und belanglosen Lebens... ?
Ähm, ja, das ist so; Mein Leben ist nicht klein und auch nicht belanglos. Mein Leben ist ausgefüllt, komplett und das Streben nach Glückseligkeit hatte ein Ende. Irgendwann im Leben erreicht man genau das, wonach man immer gestrebt hatte und wenn man genau DAS hat, genau DAS was einem gefehlt hat, dieser eine Mensch dir sagt, das DU, das DEIN Leben etwas spezielles ist und nicht klein und nicht belanglos ist, dann weißt du das es stimmt und du auf dem richtigen Weg ans Ziel bist.
Ich stand einst an einem Scheidepunkt in meinem Leben. Nachdem ich einiges erleben musste und durfte, kam ich schlussendlich zur Kenntnis, dass ich meine innersten Träume begraben kann, mein Wunsch, mein Streben keinen Sinn mehr hat. Wenn man denkt alles versucht zu haben, überall gesucht zu haben und nicht das gefunden hat, dann bleibt nur noch der Ausweg. Den Weg zu nehmen, der dir Ruhm, Macht und Reichtum bringt und unter Umständen auch der Tod. Ich hatte mich entschieden und ging am Scheidepunkt des Lebens – einem relevanten Teil des Lebens – in die Richtung von Ruhm und Macht, bedrückt und traurig darüber, aber ich lief mit Tränen in den Augen los und verfluchte mein ganzes Leben, dennoch stets Dankbar. Aller Anfang ist schwer. Ein neues Kapitel schien für mich bereit – von Reichtum und Macht keine Spur – nur verwüstung und das Licht am Ende des Tunnels schien sichtbar. Doch anstatt des angenommenen Todes am Ende des Tunnels, stand ein Engel – nun denn, so sei es und ich liess mich in die Arme des Engels fallen. Ich war aber nicht Tod. Was war ich dann? Immer noch am Leben, auf eine Art und Weise Wiedergeboren, dieser Engel zeigte mir wie Real und Lebendig ich und mein Leben war, wie wundervoll ich sei und das ich „Perfekt" sei. Alles um mich wurde Klar und Deutlich – ich war am Leben. Aber ich entschied mich für den letzten Ausweg den ich für mich noch sah...? Was war passiert? Habe ich den „falschen" Weg eingeschlagen oder nennt sich das jetzt Tod? Der Weg unter deinen Füssen ist nur der, den du am meisten begehrst, was du dir innig wünschst – das Leben hat keinen „Weg" für dich parat, du gehst so oder so den Weg, egal für was du dich entscheidest, ausschlaggebend ist nur das was du auch wirklich willst – wenn du etwas tust oder tun willst, was du eigentlich nicht willst, es zählt immer nur der stärkere Gedanke. Oder du belügst dich selbst – anfänglich mag es ja klappen, aber bedenke, eine Ewigkeit ist länger als nur ein Anfang, somit spielst du am meisten mit dir selbst – ist es das was du willst? Ich hab mich selbst belogen, ich sagte mir; du willst Ruhm und Reichtum! Gedacht habe ich immer was anderes – was ich wollte, was ich wirklich innig wollte, war das was ich heute nun habe. Ja das Gesetzt der Anziehung funktioniert, nur stellt sich die Frage, auf welche Art, irgendwie nicht so wie es sein soll, will ich was – geht's nicht – geb ichs auf –

funktionierts. Es scheint am innigen Gedanke zu liegen. Natürlich will und möchte ich einige Träume verwirklichen, ich weiss, mit der starken Frau die ich hab zur Seite, gelingt mir dies, doch der grösste und innigste Wunsch und Traum, denn ich je hatte – wurde Realität und Wirklichkeit. Es gibt keinen grösseren oder wichtigeren Wunsch oder Traum mehr – alles andere ist so à la: schön wenns passiert, wenn nicht, pech... Aber genau da liegt die Ursache dafür das es nie wirklich so funktioniert hat – mir ist nichts wichtiger als dieses Liebe zu erleben nach der ich mein Leben lang gestrebt hatte. Ich erlebe Momente über die ich geschrieben habe, ich erlebe Momente über die ich nie gewagt hätte zu schreiben... Der Schmerz wäre grösser gewesen als die Sehnsucht. Ich hätte über etwas geschrieben was ich nicht hatte und ich mir doch nur einfach gewünscht habe. Ich hätte über etwas geschrieben was ich noch gar nicht kennen konnte. Ich erlebe Momente die ich so vielen Menschen wünschen würde und doch bin ich erbarmungsloser Egoist – diese Momente gehören mir. Natürlich wünsche ich jedem Menschen auf dieser Erde dieses Glück, diese Liebe – doch ich bin mir sicher – Niemand wird diese Liebe je so erleben können wie wir sie erleben. Jede Liebe ist einzigartig – ausser Frage. Jeder Mensch hat seine Liebesgeschichte zu erzählen. Es geht hier aber gar nicht um die Geschichte – hier geht es um Gefühl und dem Denken. Jeder erlebt Höhen und Tiefen, jeder versteht etwas anderes unter einer Beziehung führen. Hier geht es nicht um das Objektive – hier geht es um das was im Menschen abgeht, was er denkt, was er sieht, was er hört, was er fühlt, was er zwischen den Zeilen einem mitteilen will. Dies scheint für viele Menschen ein Tabu zu sein, wichtig scheint nur wie er/sie aussieht, was getragen wird, was gefahren wird, was gearbeitet wird, wo wird in den Ausgang gegangen, wer kennt wen und warum, wieviel verdient wer, ästhtetik, kommerz, klischees und ach bullshit. Wo bleibt das zuhören, verstehen, philosophieren, kreativ wirken, musizieren, zelebrieren. Natürlich gibt es noch solche Menschen. Aber ich rede nicht von der Gesellschaft oder der Allgemeinheit, ich rede hier von etwas was ich noch nie bei jemandem anderen feststellen konnte ausser bei mir und meiner Liebe des Lebens. Je älter ich werde, umso mehr frage ich mich, was sehen die anderen Menschen eigentlich? Was sehe ich was die nicht sehen? Ist meine Gehirnstruktur „anders" – sehr ausgeprägt sei sie, ja, das habe ich schwarz auf weiss, aber sind wir so anders? Engel steigen vom Himmel herab um anderen zu helfen... Ok... Aber fallen auch welche einfach so aus dem Himmel, so unachtsam und so – das wären dann wir gewesen – wäre so typisch für unsereiner. Interessante Feststellung; ich kann getrost im „Wir" schreiben. Denn wir sind Wir und bleiben auch wir und wir sind anders und wir sind stolz darauf. Wir passen nicht in das gewünschte Schema der Gesellschaft und das gefällt uns.
Das ich Glücklich, zufrieden, ausgeglichen und voller Liebe bin, ändert nicht die Tatsache, das ich immer noch über die Gesellschaft Kotzen könnte – sie wird ja sogar noch schlimmer. Aber je schlimmer die Gesellschaft wird umso amüsanter das gekotze. Mir gefällts – sprich; mich amüsierts!
Das fantastische daran: ich bin damit nicht alleine!
Was ich innerlich fühle ist über allem Ausdruck, ich kann in keiner Art und Weise in Worte fassen was ich wirklich fühle. Ich bin endlich zuhause angekommen – ich habe meinen Traum eingefangen und lasse ihn nicht mehr los. Das was man am meisten begehrt, kann man erreichen, wenn man nur will...
Das Leben an sich hat gar keinen Sinn – wirklich nicht – es hat nur den Sinn den wir ihm geben... Fragt euch was ist euer Sinn in eurem Leben?
Ich hab meinen gefunden!

Ein Eintages-Philosophie-Gedanke...

Am Tag deiner Geburt beginnt der Rest deines Lebens... Diese Aussage mag ja schon stimmen, jedoch ist es eine Betrachtungsweise... Denn was jeder, also wir, aus seinem Rest des Lebens macht ist jedem selbst überlassen. Die Aussage mag etwas schroff und abstrakt klingen, aber es beruht auf einer „leidigen" Tatsache. Der Rest – klingt als nichts mehr für einen Übrig ist im Leben – aber dieser Rest kann etwas grossartiges sein, dieser „Rest" kann das gewaltigste und wundervollste sein was man erleben kann – somit hat sich dieser Rest auch gelohnt. Nicht ein jeder darf den Rest so wundervoll erleben, es soll auch „Reste" geben – die, leider, auch wirklich Reste sind. Entweder wollen sie nichts mehr aus ihrem Rest machen oder sie sind in einem Eck ihres Restes gefangen und versuchen schon gar nicht mehr etwas daraus zu machen – schade – aber jeder muss für sich selbst entscheiden was er aus seinem Leben macht oder eben nicht macht. Gewisse „Reste" mögen für unsereins Ausweglos zu sein, aber wenn man wirklich etwas will, wenn man sein Leben dafür geben würde, dann gelingt einem auch aus einem hoffnungslosen Rest ein wertvoller Rest zu machen – es liegt in jedem verborgen – die Hoffnung, die Kraft, den Mut und der Wille! Manchmal muss man aussergewöhnliches tun, manchmal muss man Wege beschreiten oder fahren, oder einfach nur Umwege fahren um an ein bestimmtes Ziel zu gelangen, manchmal braucht es nur „unweigerliche dumme Momente" im Leben, das daraus etwas blüht und gedeiht was man zuvor nie für möglich gehalten hätte. Manchmal hat das Leben Überraschungen für einen Parat, die man sich zwar immer gewünscht hat, nicht mehr damit gerechnet hat – nicht mehr daran geglaubt hat, die Hoffnung aufgegeben – aber tief im Innern den Wunsch mit allen Mitteln festgehalten – ja beinahe versteckt, meine wahren Gefühle verborgen vor der Menschheit und sogar vor mir selbst – ja ich hab mich selbst belogen, die innige Hoffnung auf die Wahre Liebe des Lebens habe ich nie weggeworfen – im Fluge zurückbehalten – denn hätte ich diese Hoffnung einfach aufgegeben und weggeworfen, dann würde der wundervollste Mensch jetzt nicht mit mir in unserer Wohnung sitzen – würde ich diese Wärme, Geborgenheit und Liebe nicht spüren und erleben dürfen. Manchmal ist eben das was wir nicht wollen, ein Beschäftigungsprogramm vom Staat vorgeschrieben, der einzig unweigerlich dämliche Weg um an das zu gelangen was man am meisten begehrt. Man beisst in einen sauren Apfel um anschliessend oder auch während, die süsseste und schönste Frucht zu kosten die es gibt... Ich frage mich oft, hockt da jemand hinter einem PC und spielt World 1.0 mit unsereins...
Das war jetzt kurz wieder mal eine Philosophie wert die es wie immer nicht gebraucht hätte, aber der Drang darüber zu schreiben war grösser als aufem Maul zu hocken, somit hab ich es geschrieben...

Klatschheit...

In einem Zustand von unglaublicher „Klatschheit" (Klatschheit : Nomen: steht für das englische „stoned/high" – auf Deutsch: „Zugedröhnt/Bekifft") – In solchen Momenten sollte man öfters zu Schreibutensilien greifen und genau das aufschreiben was einem gerade im Kopf rumgeistert, man wählt in diesen Momenten eine Schreibweise, die Jenseits von Clean und Sauber ist... Man hat Fantasien und Vorstellungen, man denkt in einer Richtung die ein „Cleaner" nie tun würde... Ich nenne diejenigen die nicht Kiffen „Cleaners" – sind sie ja auch... Man nimmt die Geräusche und die Umgebung ganz anders wahr. Die Töne sind tausig mal intensiver und die Optik, ja das mit der Optik ist eine Sache für sich, darüber lässt sich in den Kreisen der Kiffer immer wieder streiten, einige haben dann halt einen optischen Trip und andere halt nicht – oder umgekehrt. Es kommt immer auch auf die Dosis drauf an und wie dein Konsumverhalten ist. Wenn du tagtäglich deine 10 Joints rauchst, ja dann wirst du wohl nicht mehr sooo optische Flashs haben, hingegen wenn du jetzt jeden Tag nur einer rauchst und dann am Wochenende so Fett abqualmst, dann kann es passieren das du dich irgendwo in deinem Kopf wieder findest und du ganz arge optisches Flashs an den Tag legst... Aldaa voll Krass...
Ich lege gerade ein typisch trockener Mund an den Tag und meine Akkustik ist dementsprechend arg drauf... aber es ist schon ok...
Ich schaue aus dem Fenster – es ist finster – Nacht – obschon es erst 19.30h ist, obwohl vor ein paar Wochen war es bereits schon um 17.00 schon so finster wie jetzt erst... Der Frühling kommt langsam – Es ist März – was wird uns diesen Sommer erwarten? Hitze? Regen? Schnee? Sturm? Sand? Eiszeit? Aliens? Was das zwar mit dem Wetter zutun haben kann ist mir schleierhaft – aber eben, das sind die Zustände die man nicht allzu Ernst nehmen sollte – es ist die Belustigung und die Ironie all derer die nicht in den Genuss kommen solche Sachen als „künstlerischen Erguss" auf Papier zu bringen... Ich tus und ich „ergiesse" mich gerne...

RUHELOS – oder warum träume ich im Wachzustand...

1976 – Der Regen prasselt ans Fenster eines typischen Bauernhauses in den Bergen. Nein, Heidi gab es nicht. Sorry für die Zerstörung der Illusion mancher Erwachsener. Aber Heidi war lediglich ein kreativer Erguss einer in Österreich geborenen Schriftstellerin. Für die Zeit damals war diese Geschichte speziell und war auch typisch für die Gegend und Region zu dieser Zeit. Damals... Man bedenke, Handys, Computer, Flatscreens und die ganze Technik die wir heute kennen, war damals vergleichbar wie der Glaube an E.Ts. 1976 – ein Jahr in einer Ära wo alles erst richtig begann. Gerald Ford war amerikanischer Präsident. Agathe Christie starb an einem Schlaganfall. Steve Jobs gründet in einer Garage die Firma „Apple“. Wiedereinführung der Todesstrafe in den USA. Die Nasa Sonde Viking landet auf dem Mars. Und einige weitere Ereignisse, welche auf mein Leben nicht sonderlich Einfluss genommen haben. Klar – meine Geburt – sonst könnte ich das hier nicht schreiben. Das Leben damals schien einfacher. Anhand der Fotos, der Geschichten und die der Kommunikationsmöglichkeiten. Stress war damals etwas anderes als den Stress den wir heute haben. Der heutige Stress wirkt besonders auf die Psyche, was früher unmöglich war – keine Handys, keine PCs – somit war das Leben anders stressig – es schlug damals auf den Körper, sprich die Gesundheit. Damals waren die Möglichkeiten eine Krankheit zu heilen nicht die, die wir heute haben. Es scheint immer alles im Gleichgewicht zu sein. Aber ist es wirklich DAS Gleichgewicht welches für uns vorgesehen war? Was wird noch alles kommen? Über diese Frage studiere ich gerade aber nicht nach – sollen andere tun. Ich war im Jahr 1976, ein kleiner Junge erblickte das Licht der Welt, ein Junge, der grosse Ziele hatte, ein Junge, der schon immer träumte, sei es am Tag oder in der Nacht. Doch sind es auch die Träume die man sich vorstellt? Nein, es sind andere Träume, es sind Wünsche, Vorstellungen, Ziele... Etwas das ein jeder Mensch haben sollte, denn ohne Träume und Wünsche ist ein Leben nicht das was es zu haben sein soll. Für das eigene und persönliche Glück kann man keinen Anderen dafür verantwortlich machen. Träume und Wünsche lassen sich auch nicht von anderen erfüllen, durch andere schon eher, aber dafür muss man auch was tun – wie Edison schon zu sagen pflegte; Erfolg ist, das man etwas tut, während man darauf wartet. Viele Menschen haben sich damals verwirklicht – so auch Steve Jobs, er hatte die Mittel dazu das zu schaffen wonach ihm war und man siehe heute; Apple! Es braucht gar keiner grossen Worte was Apple ist und macht. Steve Job hat das durchgezogen was in seinem Kopf vor sich ging. Das nenne ich Respekt! Steven Spielberg, Oliver Stone, Bill Gates, Picasso, Michael Jackson – alle machten das wonach ihnen war und sie ernteten das was ihnen zustand. Sie haben die Menschen bewegt. Seit 1976 sind nun 35 Jahre vergangen. Von meinem Ich ist immer noch sehr viel übrig. Viele Menschen schauen mich an, hören mir zu und fragen mich dann; wie alt bist du? Es macht den Anschein, dass ich nicht sonderlich „gealtert“ bin. Wenn ich jetzt gesund gelebt hätte, ausreichend Sport gemacht hätte und einen adäquaten Lebensstil gehabt hätte, dann könnte ich sagen; ja klar, kein wunder. Aber mein Leben und mein Lebensstil waren alles andere als gesund, sportlich und adäquat. Klar, ich habe Anstand gelernt, besser gesagt, ich habs mir angelernt. Ich komme aus einer ziemlich tiefen Gesellschaftsschicht – nicht die tiefste, aber mit den Jahren nahm sie ziemlich ab – wobei ich mich immer mehr differenzierte – was auch daher kam, dass ich mich wohl distanzierte. Ich fragte mich immer, ob ich vielleicht im Spital als Baby verwechselt worden war, aber unverkennbar gehöre ich in diese Familie, wobei der Teil meines Vaters wohl eher durchschlägt, wiederum dennoch trage ich gewisse Gene in mir seitens meiner Mutter. Und mein Leben war die Hölle.

Zu meiner heutigen Freude war mein Leben die Hölle. Hätte ich all dies nicht mit- oder durchgemacht, dann wäre ich heute ganz ein anderer Mensch. Ein Mensch, mit dem ich heute nichts zu tun haben möchte. Arrogant, eingebildet und ziemlich ausfällig. Warum ich das so sagen kann? Ich bin doch ich, somit kenne ich mich doch. Ob ich es schon mal war? Natürlich! Gehört zur Allgemeinbildung. Ja es war ein Studiengang wenn man dem so wolle. War lustig – im Nachhinein. Damals war es mir ja nicht bewusst, dass ich dies eines Tages als Studiengang zur Förderung der Allgemeinbildung werten werde. Somit war meine Kindheit eine wertvolle Zeit. Lieber watest du schon früh durch den Sumpf der Hölle, als in einem Alter wo du nicht damit klar kommst. Somit ist es heute auch schwierig mich richtig zu „schockieren" – ich bin immer auf das Schlimmste gefasst. Denn die Freude ist viel grösser wenn man falsch lag. Ich erlebte in meiner Kindheit viel stumpfsinniges, unschönes aber auch Dinge, von denen man heute noch spricht. Erinnerungen an eine Zeit wo alles noch anders war. Ich vermisse die Zeit und doch bin ich froh in der heutigen Zeit zu leben. Viele Sachen sind heute einfacher geworden. Sachen, die mein Wissen und mein Können stillen können. Als Kind war ich schon immer sehr Wissbegierig. Ich wollte wissen warum und wieso Flugzeuge fliegen können, warum wir Menschen ins All fliegen können, Fotos, Filme, Ufos, Ausserirdische, Verschwörungen – all dies waren Dinge und Sachen mit denen man mich als Kind begeistern konnte. Mit der Musik war es etwas seltsam. Damals hatten wir nur einen Radio – indem lief immer den ganzen Tag Radio DRS1. Die Musik dort wo ich herkomm, war einfach anders als das was mir gefiel. Jedes Kind hörte damals die Schlümpfe, Kliby und Caroline, und so einige Deutsche Sachen wie Drafi Deutscher, Nena, Peter Schilling und so Zeug. Da meine Mam ja noch sehr jung war, hatte sie auch eine kleiner Vinylsammlung. Aber als Kind das noch nicht richtig lesen konnte, waren die Aufschriften wie „Abba" oder „Beatles" sehr sonderbar – daher dienten sie sehr gut als Frisbee im Freien. Ja hätte man das als Kind früher gewusst, dann würden sie noch heute in meinem Regal stehen. Dann hörte ich eines Tages aufmerksam der Hitparade im Radio zu, es war Sonntag, sie lief immer um 3 Uhr Nachmittags. Ab dann war die Musik für mich präsent. Heute kann ich ohne Musik nicht mehr sein. Musik ist ein Teil meiner Seele. Egal was es für Musik ist, sei es gerade mal was Schnulziges, Rockiges, Popiges oder Elektronisches – die Stimmung ist für mich das Ausschlaggebende. Ich las mich durch Bücher, schaute Filme und Dokumentationen und eignete mir ein breites und tiefes Wissen an – schon als Kind. Kein Wunder schleppte mich meine Mutter eines Tages zu einem Kinderpsychologen. Ich kann mich leider nur noch wage erinnern, dass wir dort waren, warum genau weiss ich heute so nicht mehr. Ich musste in die Sprachschule, konnte den „R" nicht richtig aussprechen. Auffällig war, das ich mir Dinge und Sachen recht gut merken konnte. Lesen konnte ich nicht so wie die anderen, ich las nicht Wort für Wort oder Buchstabe für Buchstabe, ich erfasste die ganzen Sätze und las diese als ich diesen Satz schon etliche male gelesen habe. Ein weiterer Besuch bei einem Kinderpsychologen bestätigte auch, das ich ein fotografisches Gedächtnis habe und ich mir auf autodidaktische weise mir Dinge aneigne, wofür ich mich gerade interessiere. Erstaunlich sei auch, das wenn ich mich mal nicht für etwas andere interessiere, dann kann ich mir dies auch nicht merken und werde angewidert. Des weiteren hatte ich bereits als Kind Zwangsneurosen, eine heilbare Krankheit welche mit der Psyche zu tun hat. Ich musste immer zwei oder vier mal etwas tun, kontrollieren, adieu oder gute Nacht sagen, denn eine ungerade Zahl bringt Unglück, eine gerade Zahl nicht. So musste ich mich auch wieder „zurückdrehen" wenn ich mich gerade mal um die eigene Achse gedreht hatte. Der Fenstervorhang in meinem Zimmer musste genau übereinander passen wenn er

Nachts zugezogen war, wenn nicht, musste ich aufstehen und diesen richten – natürlich zwei mal. Auch konnte ich in der Nacht nicht ohne Licht schlafen, das kam aber daher, dass ich als Kind viel zu früh Horrorfilme angeschaut habe. Was solls, heute finde ich sie ja lustig. Und das mit dem Licht, naja, ist heute noch so, aber das hat wieder einen anderen Ursprung, eher das Spirituelle, Geister und so ein Zeug, nicht die Geister aus den Horrorfilmen, andere Geister. Somit war klar; ich war ein kleiner Autist. Anhand dessen wurde ich einige Male in meinem Leben mit einem IQ-Test konfrontiert. Einstein hatte einen IQ weit über die 180 – Dr. Stephen Hawkin wird sich in der gleichen Liga aufhalten. Ich darf mich mit meinen 142 gut brüsten. Dieser Test basiert auf einem offiziell anerkannten Test in einem Leistungscenter welcher mir von einer Firma, in welcher ich gearbeitet habe, offeriert. Ein „Durchschnittsmensch“ hat einen IQ von 80. Als Kind war mein Denken, Wissen und Handeln schon etliche Jahre voraus, aber das ganze Handicap an der Sache daraus was zu machen, war mein Leben. Mein Bruder bekam Krebs, starb mit 9 Jahren, ich war gerade mal 12. Mein Vater war nicht mein leiblicher Vater, schlug uns Kinder und misshandelte unsere Mutter. Nach der Scheidung hatten wir kein Geld und alles wurde nur noch schlimmer. Meine persönlichen Perspektiven die ich als Kind hatte, wurden immer surrealer. Dann waren sie nur noch ein Ölbild auf einer nassen Leinwand. Die Farbe wurde weggespült. Nur noch die leere weisse Leinwand, wo einst so viele Farben draufgemalt wurden – alles weg. Der Regen hat alles genommen. Nur noch die Erinnerung im Kopf und der Drang es doch zu tun. Die Gier es den Leuten zu zeigen die dich und dein Leben verspottet haben, dich ausgelacht haben, verhöhnt haben. Leute die auf dir Tango getanzt haben, denen zu zeigen, das der Tango miserabel war. Aber die Leute die das getan haben, haben ganze Arbeit geleistet. Alles zerstört und vernichtet. Doch solange ich noch denken kann ist das letzte Wort nicht gesprochen und der Kampf noch nicht gewonnen. Viele Menschen haben das Gefühl, das ich im Moment des anscheinlichen Desintresses nicht zuhöre. Was schlussendlich zu einem fatalen Fehler desjenigen führt, der diese Vermutung angestellt hat. Denn im Moment wo niemand damit rechnet, spreche ich gerne nach, was gesprochen wurde im Moment von meiner interessenlosigkeit. In der Schule war ich sehr gut in Geschichte, Naturkunde, Geografie, Religion, Zeichnen und Englisch. Und wiederum war ich schlecht in Rechnen, Französisch, Turnen, Hauswirtschaft. Wie bereits erwähnt; was mich interessiert, das bleibt und was nicht interessiert bleibt nicht. Dem war aber nicht immer ganz so. Wenn mich zum Beispiel Algebra nicht interessierte, so zeichnete ich etwas auf meinem Notizblock. Und wenn mich der Lehrer dann etwas fragte, so konnte ich ihn Wort für Wort zitieren. Ich beherrschte unabsichtlich das Frauen-Phänomen; Multitasking! Ich schrieb auf den letzten Drücker immer gute Noten, denn ich wusste, wenn es drauf ankam, so konnte ich es – war es nicht zwingend, so war es für mich auch nicht zwingend es zu wissen. Ich muss gestehen: Algebra ist mir dennoch nicht geblieben. Ich unterschied dann in; gefällt mir/bringt mir was oder gefällt mir nicht/bringt mir was nichts. Was mir persönlich nichts bringt, interessiert mich nicht und muss mir ja auch nicht gefallen. Kompromisse waren somit in der Zukunft ein sehr heikles Thema. Ich unterschied schon als Kind so. Dann musste es ja so kommen wie es kam; Schwarz – Weiss! Entweder oder. Dazu meine Intelligenz, ich will mich hier nicht loben oder was auch immer, ich schreibe nur wie die Leute um mich, mich warhnehmen, mein Wissen und mein Können, macht es meinen Mitmenschen das Leben oder den Umgang mit mir nicht einfach. Ich will mich ja nicht rechtfertigen oder so, aber wenn du das ganze Leben lang immer den anderen alles recht machen musstest – ich hatte mich dafür entschieden da ich dachte es sei das richtige für mich – immer Kompromisse eingehen musstest, immer verzichten musstest, du immer zuhören musstest – dich immer für andere aufgeopfert hast – dann kommt der Tag an dem du einen Riegel schiebst und du sagst; kommt nicht dasselbe – gibt's auch nicht dasselbe. Somit ist es meine freie Entscheidung, sagen zu können und zu dürfen; gefällt mir oder gefällt mir nicht. Anpassen? Ich habe mich immer angepasst – und wenn ich einen Job finde, der mich gefällt oder er mir gut zusagt, dann passe ich mich dort den Arbeitsbedingungen und Arbeitsverhalten und Mitarbeiterverhalten an. Ganz einfach. Denn es ist ein Job der mir meine perspektiven die ich als Kind hatte, wieder ermöglicht. Das ich mich jetzt „unterwerfe" ist sehr unwahrscheinlich, denn passe ich mich an, ernte ich Respekt und Anerkennung. Folglich wird man belohnt, Fazit kann eine Lohnerhöhung oder Beförderung sein. Somit ziehe ich für mich einen Eigennutz, wenn ich mich anpasse. Für mich ist es eher dann ein tägliches Schauspiel, ich benutze die Mitmenschen für meine Zwecke, wenn ich sie glauben lasse das ich mich für sie anpasse. Hätte ich hier wiederum keine Perspektive oder keine Zukunft in diesem Job, so hätte ich auch keinen Grund mich anzupassen. Ganz einfach. Was für andere offensichtlich scheint – ist für mich nur ein Vorwand um getarnt meinen Weg zu gehen. Dies bezieht sich aber auch nur auf den Beruf, den Job, die Arbeit. Im privaten gehören sich solche Sachen nicht. In einer Beziehung sowie auch unter Freunden, ist mir Offenheit und Ehrlichkeit das Wichtigste. Denn es ist verschwendete Energie die man aufbringt wenn man jemanden etwas vormachen muss. Diese Energie hätte man für Sinnvolleres verwenden können, aber anhand diesen Ereignissen kann man schon einen jämmerlichen IQ ermitteln. Wer Intelligent genug ist, würde anhand seines IQs ganz klar die Fakten auf den Tisch legen und sagen was Sache ist und sich nicht über Wochen quälen das man nicht gesagt hat was man dachte oder was man wollte, eher das gegenüber verantwortlich machen, dass man nicht gefragt hätte. Obwohl man wusste wo das Problem gewesen wäre. Liegt einem etwas auf der Seele, dann soll man es los werden. Punkt. Was anderes gibt es nicht zu diskutieren. Das ist auch wieder so eine Schwarz-Weiss Reaktion. Aber des „Anstandeswillen" tut man dann so als ob alles in Ordnung wäre und beschwert sich dann erst im Nachhinein. Aber das sollen ja anscheinend die Menschen sein. Wir begegnen jeden Tag solchen Situationen, sei es an der Kasse im Migros, sei es auf der Strasse, im Bus, im Zug, auf der Arbeit, überall – es gehört sich zum guten Ton das man Arsch leckt. Ich betrachte jeweils die Situation, kann ich einen persönlichen Nutzen davon ziehen; Ja oder   Nein.

Ich war immer gerne der Zuschauer – aus anderen Situationen kann man immer lernen und das für sich behalten, welches einem passt. Ich bin sehr lernfähig und immer noch Wissbegierig. Es hält mich nichts davon ab, die Menschen weiterhin als eine komische Spezies zu betrachten und das Verhalten weiter zu studieren. Ich behaupte unsere Spezies ist die Perfekteste von allen. Von allen Lebewesen sind wir die, die es fertig bringen sich selbst ohne mit der Wimper zu zucken zu zerstören. Es ist in der Natur einer Spinne, nach der Paarung ihr Männchen zu fressen. Es ist in der Natur eines Tieres, ein anderes Tier zu töten um es dann zu essen. Aber es ist nicht in der Natur des Menschen, sich zu zerstören. Tiere die sich nicht mögen, sei es von der selben Rasse, die gehen sich aus dem Weg oder kloppen sich. Wenn wir uns nicht mögen und wir uns kloppen würden, wären wir angezeigt und hinter Gittern. Also geht man denen doch aus dem Weg die man nicht mag. Denn wären wir Tiere, wären wir das widerlichste Ungeziefer von allen.

Ich bin ein Kind der 80iger. Ich steh dazu. Peace and Tolerance. Ich wurde mit Cannabis gross, Rock der 80iger, Andy Warhool, der Retrolook war damals Neu und nicht Retro. In den 90giern wurde ich zu einem Jünger der elektronischen Tanzmusik. War klar das ich das breite Drogensortiment einmal quer durchprobieren musste. Folgeschäden habe ich keine. Lediglich hat mir LSD und MDMA eine Bewusstseinsebene geöffnet, das ich dank denen ein hohes Mass an Kreativität erreicht habe, welches ich unter keinen Umständen mehr hergeben möchte. Meine Gedanken sind wie Nervenbahnen, blitzschnell und immer wieder anders.

Dies sind alles Aspekte oder Ereignisse, welche einen Menschen altern lassen. Mich hält jung was andere stresst oder für sie einen Alterungsfaktor darstellt.

Nun denn. Ich lebe. Ich lebe in einer sehr merkwürdigen und fraglichen Welt. Ich bin gesund, gesund in einer kranken Welt. Traurige Belanglosigkeit oder belanglose Traurigkeit?

Ich habe keine Akzeptanz gegenüber: Es ist so wies ist! Man kann immer wenn man will! Doch leider versteht nicht immer ein jeder, dass man zwar will, aber „B^2" stellt sich auch nicht aus „A+B" zusammen. Mathematik ist zwingend, wenn man physik verstehen will. Beides ist zwingend wenn man überhaupt verstehen will...

Träumen darf man immer... Denn Träume sind nicht nur Schäume – Ruhelosigkeit führte manchen in ein Reich, welches das war, was man sich einst auf einer Leinwand ermalte...